MIGRANTES REFUGIADOS Y EXTRANJEROS

Habitantes de la casa común

VVAA

MIGRANTES REFUGIADOS Y EXTRANJEROS

Habitantes de la casa común

VVAA

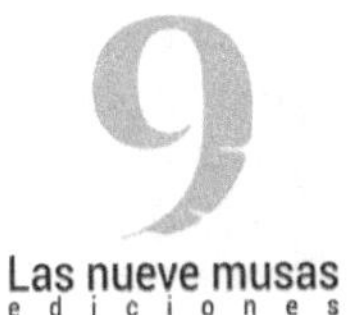

Primera edición en papel: septiembre, 2021.

Título: *Migrantes, refugiados y extranjeros. Habitantes de la casa común.*

© Varios autores.

© Diseño de la cubierta: Salvador Barrón

© Diseño de la maquetación interior: **James Crawford Publishing (William E. Fleming).**
  contacto: jamescrawfordpublishing@gmail.com
  web: www.crawforddesigns.eu

© 2021 Las nueve musas ediciones.
  contacto: contacto@lasnuevemusasediciones.com
  web: www.lasnuevemusasediciones.com

ISBN: 9798472936613

Depósito legal: AS 02145-2021

ÍNDICE

PRÓLOGO

En su conjunto, el contenido de esta obra nos ofrece la oportunidad de penetrar en ámbitos esenciales del ser humano y de cada individuo en particular; ámbitos temibles para muchos, ignorados por otros, cuya consciencia no ha logrado escalar a esos grados de su interioridad. Cada uno los autores nos obsequian una cara del poliedro infinito que somos. Aspectos profundos y altos tocados con propiedad desde la experiencia y saber de cada escritor.

El libro deja ver, entre otras cosas, la gran importancia que poseen quienes manipulan la interpretación, hasta de los textos sagrados, de la mismísima voluntad divina y sus profetas. Quien logra imponer su visión *sagrada*, puede ejercer dominio y control sobre los demás, sobre sus cuerpos y consciencias. Por supuesto, existen asimismo lecturas menos sagradas y más políticas en el campo complejo y controvertido de la migración, hilo conductor, tópico central de esta propuesta.

La migración es ancestral como la humanidad. La Biblia registra los tres primeros casos de emigración forzada: Adán, Eva y su hijo Caín. Y de principio a fin ella habla en diversos términos de los migrantes, esperando nuestra solidaridad hacia ellos. Los forasteros, extranjeros o migrantes son un tópico recurrente en los Libros Sagrados monoteístas, con una carga ética, fundamental para su espiritualidad. **El amor a Dios no se entiende sin una relación amorosa y justa con «el de fuera».**

Esta obra nos empuja a «sumergirnos en un mundo simbólico» desde el cual nos preguntamos: ¿Quién somos?, ¿de dónde venimos?, ¿a dónde vamos?, cuyas respuestas, halladas en los textos sagrados clásicos, fortalecerán nuestra cotidianidad y la relación con nosotros mismos, con Dios, con el prójimo y con la naturaleza, dentro siempre del tiempo y con un sentido de igualdad entre humanos. Se trata de hacer una especulación de la vida; espacialmente lo que importa ahora es entablar una relación con el «extranjero», de los de adentro con los de fuera, los de adentro confiables y los de fuera inciertos y amenazantes; como cuestión para incluir o excluir, una posición *esquizo-paranoide* de ansiedades persecutorias, porque al extranjero se le percibe *a priori*, como peligroso.

¡Es casi imposible mirar sin prejuicios al foráneo! Él es, además el que puede descomponer las cosas locales porque no las conoce, es ignorante. ¡Por eso hay que levantar muros para proteger a los de adentro!, para que no entre lo negativo, a donde está lo positivo; para evitar que se junten los malos con los buenos.

Lo más paradójico de este constructo binario y maniqueo es que todos somos extranjeros, migrantes, transeúntes. ¡La migración es parte del movimiento de la vida! Si la vida no migra, no hay sobrevivencia.

La persona migra para satisfacer humanamente, integralmente sus necesidades materiales, intelectuales, sociales y espirituales. ¡Todos además de migrantes, somos indigentes existenciales!, porque tenemos las mismas necesidades básicas y porque necesitamos de los demás con quienes nos complementamos. Nos vamos haciendo, gracias a la sociedad. No obstante, bien señala este valioso trabajo que, las generaciones de hoy cargamos aún los miedos ancestrales de estructuras y estados autoritarios y controladores, por miedo a lo diverso, a lo distinto, a lo desconocido, ¡al extranjero! Por eso tenemos sociedades con muros ¡para protegerse de su propia especie humana!

El *extranjero* es el extraño, el que está extra, fuera, el que no forma parte de lo nuestro, pero sobre todo no forma parte de nuestra identidad. Paradójicamente lo que da sentido a nuestra existencia son las relaciones interpersonales y son ellas las más dañadas por ambiciones materialistas y de poder. El sistema neoliberal capitalista ha alienado a la clase trabajadora y ha ampliado y acelerado la emigración forzada. La relación entre el extranjero y la persona local es lo más importante, pero es ambivalente: o humaniza o envilece; Para el habitante local la primera aproximación es la dimensión de la escucha. Los seres humanos somos personas con capacidad de escuchar, oír la vida. Nosotros percibimos a las personas, no las conocemos plenamente. Cuando nos escuchamos nuestro conocimiento se amplía lo suficiente como para generar empatía, aunque no tengamos mucho conocimiento del otro, del externo. La razón, se explica también, no favorece la relación con el extranjero: o se la ignora, o se le mata de muchas maneras. El pensamiento busca integrar, asimilar, conocer al otro, encasillarlo en conceptos culturales locales. Y hacer esto, es destruir su alteridad; reducirlo a lo mío, porque el otro es lo que yo quiero que sea para mí, convirtiéndolo en un objeto: sexual, laboral, político, etc.

Lo contrario, es superar mi egoísmo sirviendo al de fuera. Los humanos no nacimos para sólo ser, sino para ser sirviendo al otro ¡esa es nuestra identidad! Lo que nos constituye es ser para el otro, asumiendo su hambre, su sufrimiento, su exilio. Entonces, se habla de escuchar con bondad, con amor la verdad del otro, hasta hacernos responsables de la vida del otro.

Por encima de cualquier consideración, el extranjero, el migrante, es aquel que irrumpe en la consciencia del yo ocasionando un momento de escisión ética: responderle o negarlo. Decisión ética que debe tomar la consciencia de cada ser humano: «escatología de la paz».

Nuestra visión está ligada a la ontología, al ser y a la lucidez como comprensión de la totalidad. El ser humano siempre verá parcialmente, pero puede ampliar su comprensión de las cosas, su visión. La idea del infinito es abstracta, inabarcable para los humanos; se puede ver de otra manera mediante la ética, la ética es una óptica, aunque sin imagen, ni virtudes *objetivantes* sinópticas y totalizantes que sí posee la visión. Para esto, hay que salir de uno mismo como compromiso e instauración de la paz, gracias a mi respuesta ética, el futuro (escatología) de la paz se juega en cada momento histórico, por las decisiones que uno toma.

La única manera que nos puede permitir crear una sociedad justa, fraterna e incluyente, es aceptar el llamado de responder al extranjero, aquel que es diferente a mí y que viene para sacarme del egoísmo y del encierro en mi propia autosuficiencia, gracias al proceso de la escucha. Pero esto no es sencillo, pues, la narración sobre migrantes habla de una amenaza de la que hay que protegerse. Y esto viene de más atrás. ¡Nuestra memoria está viciada!, llena de prejuicios y mitos: tiene doble patología, «la del olvido y la de la traumática imposibilidad de olvidar».

Un testimonio y además sagrado, respecto a la migración humana lo personifica al pueblo hebreo; en tiempo de exilio, de crisis, encuentra su identidad y la experiencia de un Dios universal «fuera de la tierra» que, sostiene la esperanza de un futuro como pueblo elegido. El Deuterono-mio explica este proceso de exilio, de crisis migrante, pero es justo ahora que ha perdido todo, cuando está en la capacidad de empezar una nueva vida, sin olvidar su pasado errante, esclavizado, liberado por el Señor su Dios; desde esta nueva vida socorrerá por voluntad divina al forastero, sirviendo al Dios migrante en una tierra prestada mientras se pasa.

El texto deuteronómico nos recuerda a los israelitas exiliados en Babilonia, y también nuestra condición de migrantes oprimidos por muchas cosas, en tierra extraña, aún no definitiva y con la oferta de Dios Liberador a nuestro alcance. Mientras tanto, la vida, don de la tierra, es

una fiesta en donde debemos compartir comenzando por los últimos. Pero el reto grande lo tenemos hoy los habitantes del siglo XXI, hundidos en una sociedad muy religiosa, pero con poca fe, embelesados por lo material y en ausencia de relaciones interpersonales.

En otro aspecto, el libro nos pone frente a la dialéctica existencial donde la vida se tensa entre lo sedentario y lo nómada o itinerante; entre ciudad y medio ambiente; entre lo político antropológico y lo socioeconómico. Todo esto es cíclico e interminable. Las dinastías que gobiernan tienen sólo una esperanza de vida de cuatro generaciones. La última será conquistada irremediablemente por los nómadas, por los migrantes de todos los tiempos y de nada servirá su resistencia, porque sabe que tarde o temprano los de fuera serán su relevo. Todo este pensamiento es revelado por el inventor de la sociología y la antropología Ibn Khaldoun en el siglo XIV, quien refiere sin ambages que, los nómadas de hoy se convertirán en los nómadas de mañana. Mientras tanto, los sedentarios de hoy ven en los nómadas intrusos la muerte de su vida local, por eso se protegen de ellos levantando muros de ilusión; porque éstos, únicamente retardarán el fin inminente de su sistema de vida. El autor va más lejos al afirmar que el sedentario de hoy se transformará en el nómada del mañana. ¡Clarividente visión de un hombre de hace más 700 años! Ahora en el siglo XXI no estamos lejos de ver el inicio de migraciones del norte al sur, por razones climáticas o cualquier otra causa económica o política.

Uno de los autores sostiene que el migrante no es necesariamente un extraño y que lo definiría como «el que rompe la homogeneidad socioeconómica y política. «El migrante, complementa, es aquel cuyo modo de socialización es antropológico, el que aún no ha roto sus vínculos antropológicos para embarcarse en la gran aventura de la purificación socioeconómica capitalista. El migrante es quien aún no se ha homogeneizado». Los migrantes no son un problema, el problema es la homogeneidad de los sedentarios, de la ciudad. Y esta es una realidad que existe en todos los espacios sociales. Por eso debemos defender la diversidad antropológica como opción humanista.

El libro reflexiona la migración desde diferentes ángulos, uno de ellos es el aspiracional: el migrante sueña convertirse en bendición y, de hecho, es portador de valores, sentido de vida, habilidades, destrezas, una poderosa fuerza de trabajo y una gran experiencia de sufrimiento y privaciones como base sólida para construir una nueva sociedad austera, próspera y justa. Su excedente laboral le permite crecer, desarrollarse junto a su familia. El sensible punto de la población más vulnerable es incluido en este volumen: trata de personas con fines de explotación sexual y laboral, que huyen de la violencia y de la frustración por la precariedad; situación que lleva a «niveles de estrés tan intensos, descritos bajo el Síndrome de Ulises», en donde se pueden observar posibilidades de creatividad y de superación a la adversidad impresionantes; incluso advierte que esa vulnerabilidad se convierte en capacidad para anticipar, sobrevivir y de resistir; salir del confort para arriesgarse. Es superar muchos temores, apegos de todo tipo, disponiendo a una experiencia espiritual «significativa y transformadora» favorables a la adaptación. La experiencia espiritual se produce cuando nos reconocemos necesitados, indigentes: la vulnerabilidad se torna en oportunidad privilegiada, humanizante.

Por otra parte, en este libro se resalta como vida del desierto produce necesariamente una *ética de la solidaridad con lo ajeno, porque se sabe que la vida propia no se garantiza con las propias fuerzas*, si no que este don impagable y gratuito exige apertura y responsabilidad para con el otro «hasta hacerse siervo». Apertura porque se considera al extranjero como amenaza para la vida institucional lograda por el esfuerzo de la comunidad local.

Jesús, en cambio, asume la extranjeridad como criterio constitutivo de lo humano en este mundo, ya que éste, no es nuestra morada definitiva, lo que nos permite trascender desde la experiencia del Reino de Dios inaugurado por Jesucristo, llamándonos a mantener una distancia crítica con el mundo y amar al extranjero, aceptándolo como es, como otro.

Contrariamente el capitalismo neoliberal no piensa como Jesús; más bien es la antítesis: «Llama al migrante a asimilarse, a ser prosélito, a dejar de ser migrante para ser aceptado, y comienza rápidamente un proceso de blanqueamiento y de aculturación».

El objetivo de este libro es *hacer un llamado a tener consciencia de que, el capitalismo no sólo necesita condenar la migración para poder incorporarla por la puerta trasera en las peores condiciones laborales, sino que necesita reproducirla para explotarla.* Lo paradójico es que, se podrá lucrar con las y los trabajadores, pero el precio que el capitalista pagará tarde o temprano, será ceder a las futuras generaciones migrantes su propio país. ¡El futuro es de los migrantes! Nadie puede evitarlo, como nadie puede detenerlos ahora. Una vez que los activaron, no pueden parar.

Cada uno de los participantes del libro aportan acciones de cambio. Entre ellas, llama a mi ser lo distintos y despertar lo distinto que existe en cada uno de los que buscan nuestra ayuda y orientación para intentar revertir el proceso, es decir, la toma de conciencia de nuestro ser en el mundo».

Otro punto importante tocado en el libro es el tema del *surgimiento de una Nueva Consciencia* sobre todo a partir del contacto con los migrantes, «pulso de la vida», «un espacio del límite de lo humano… ¿y de lo sagrado? Mujeres y hombres con rostros pálidos, serios y cabizbajos; algunos enojados, agresivos, burlones; otros, espantados, angustiados, tristes, con la mirada perdida; atmósfera tensa y pesada: «¡Dolía verlos!». La mayoría anhelan ir a *La USA* para trabajar y ayudar a su familia. La práctica de relajación por musicoterapia con migrantes en tránsito entró como una lluvia en el desierto. Alcanzaron la paz que ansiaban. «¡Eran personas nuevas por completo!» Después, hubo también alegría y agradecimiento aun en medio del dolor de los considerados «una revelación del espíritu de los tiempos», un clamor de un impostergable cambio radical de mentalidad y como un *símbolo del surgimiento de una Nueva Consciencia.*

Es trascendental aceptar la diversidad de «la casa común», símbolo del inconsciente colectivo.

Este trabajo conjunto de reflexión hace posible adentrarnos en el conocimiento de la compleja, misteriosa y sagrada vida migrante. A través de los diálogos, entrevistas, investigaciones académicas, observaciones de campo, etc. Nos abren una ventana a lo que son los migrantes, pero también a lo que somos como humanidad migrante por naturaleza. Caminamos acompañados siempre de Dios itinerante. En todo el libro se siente fuerte la experiencia de fe. Jesús Cristo está en las y los migrantes.

Padre José Alejandro Solalinde Guerra
Ciudad de México, 5 de julio de 2021

MIGRACIÓN, EMIGRACIÓN, EL DESAFÍO DE LA MEMORIA DT. 26, 1-19

HNO. MARCEL DURRER

La Biblia[1], como todos los relatos, se escribió después de los hechos. Es por esta razón, que efectivamente, los rabinos explican por qué el Libro comienza con la letra b/beth de la palabra «beréshit», al comienzo, y no con a/aleph, que es la primera letra del alfabeto. Como aprendimos de Scherezade, cada relato tiene como finalidad conservar la vida. Narrar a la migración como una amenaza es una manera de protegerse, de separarse, de buscar sobrevivir frente a una amenaza de muerte. Si en algunos países la amenaza de la llegada de emigrantes es percibida por los pobres frente a otros más pobres todavía; en nuestras regiones la amenaza se considera más disimulada: la llegada de migrantes estaría constituida por musulmanes asimilados inmediatamente a los islamistas y por lo tanto a potenciales terroristas. La historia gira en torno a este axioma que impregna la memoria colectiva con una perspectiva simplista y, por tanto, poco objetiva.

Nuestra memoria puede sufrir dos patologías: la del olvido y la de la traumática imposibilidad de olvidar. Olvido con respecto a la realidad de la emigración forzada suiza sin posibilidad de regreso de los ciudadanos suizos en el siglo XIX; olvido más lejano como el de la «invasión de los bárbaros» mejor denominada por el idioma alemán como «Völkerwanderung»; olvido de la violencia terrorista de las Brigadas Rojas, de los autonomistas vascos; de la IRA, etc. olvido de guerras muy «cristianas» y de otros genocidios.

El trauma de los atentados tan cerca de nosotros nos oculta el hecho de que los islamistas asesinan en primer lugar y en número a sus propios hermanos.

---

1 Cfr. *Peuples parmi les peuples*, Labor et Fides, 1990, p. 37-49. Bernard Fourez, *Les maladies de l'autonomie, Thérapie familiale* 28.4, (2007) 239-389. D. Marguerat, Y. Bourquin, M. Durrer, *Pour lire les récits bibliques*, Labor et Fides, Cerf, París 2009. R. Neuburger, *Exister. Le plus intime et fragile des sentiments*, Payot 2012. M. Rose, *Deutéronome*, en The Römer, J.-D. Macchi, C. Nihan (ed.), *Introduction à l'Ancien Testament*, Labor et Fides, *Genève* 2004, p.211-227. D. Sibony, Entre-deux. L'origine en partage, Points Essais 357, Seuil, Paris 1991.D. Sibony, *Violence. Traversées*, Seuil, París 1998. https://www.etudierlabible.ch/pour-animateurs-bibliques/. https://revue-sources.cath.ch/la-joie-parfaite-ou-la-vraie-joie/

EL TEXTO DEL DEUTERONOMIO: EXTRANJEROS, PEREGRINOS, EXILIADOS EN ESTA TIERRA

Según estudios recientes, el Deuteronomio o más bien dicho el Deuteronomista, el maestro constructor del Pentateuco, se expresa en la época del Exilio en Babilonia (587-538 a. C.). El exilio es un tiempo de crisis durante el cual, el pueblo hebreo, representado por su élite, debería desaparecer, pero en vez de eso los israelitas elaboraron su identidad como pueblo judío. Al mismo tiempo que ellos perdían todo, la tierra, el rey, el Templo, entraron en un proceso de renovación teológica y social. Su Dios único se convierte en un «fuera de la tierra», un Dios universal; los ritos del Templo se celebran en familia respetando, en la medida de lo posible, las rúbricas del Templo; la comunidad se reúne en la Sinagoga en torno a la lectura y celebración de la Torá. El esfuerzo de reflexión teológica pasa por una relectura y reescritura de los mitos babilónicos (creación, diluvio, gigantes, Gn 6,1-4, Babel, etc.). Sin embargo, la interpretación de la deportación, que hunde al pueblo en la desgracia, no es unánime. Se escuchan tres voces.

La voz sacerdotal dice que es por un defecto en la práctica del culto por lo que el pueblo sufre esta lamentable situación. Otra voz más «laica» dice que depende de las circunstancias y de la voluntad de Dios. Finalmente, la voz dominante del Deuteronomista atribuye la desgracia del Exilio a las transgresiones morales del pueblo de Israel. Cualquiera que sea la causa del desastre, el desafío para los deportados en esta desesperada situación es infundir esperanza, es decir, sin llegar a ser ingenuos creer, confiar en que lo imposible es posible; creer que es posible no perder la propia identidad como pueblo, sino por el contrario conseguir forjarse una nueva identidad.

Para leer correctamente el relato de Deuteronomio, es muy importante situarlo en el contexto del exilio en Babilonia. El relato narra la historia en el futuro, como si el pueblo no hubiera entrado aún a la Tierra Prometida. Ahora bien, el pueblo ya había estado en la tierra prometida, pero ahora se encuentra exiliado en el extranjero, habiendo perdido todo. Poseía una tierra, el templo y un rey. Ahora deportado, no le queda nada. Mientras que las diez tribus del Norte, Israel fueron dispersadas durante la primera deportación en 721, el desafío para los residentes del Sur de Jerusalén es mantener, o incluso desarrollar una nueva identidad «fuera de la tierra». El narrador no pierde la esperanza. Él prevé un regreso a la Tierra prometida, pero advierte a la gente que no repita los errores del pasado. Como en el exilio, habría sido necesario recordar la liberación del Éxodo. Regresando a su tierra, don de Dios, es necesario recordar la experiencia del exilio. Los israelitas no deberán habitar la tierra como si fueran los propietarios.

Deuteronomio 26, 1-19

*Cuando hayas llegado al país
que el Señor tu Dios de da en herencia,
cuando haya pasado a ser tuya
y que tú la habites,*

*tomarás una parte de los primeros frutos de tu tierra,
que habrás sacado de tu tierra,
que te da el SEÑOR tu Dios.
Los pondrás en un canasto,
e irás al lugar que el SEÑOR tu Dios habrá elegido,
para morada de su nombre.*

*Te presentarás ante el sacerdote que esté en funciones esos días
y tú le dirás:
«En este día yo declaro que el SEÑOR, mi Dios
me hizo entrar a la tierra
que el SEÑOR prometió a nuestros padres que nos daría».*

*El sacerdote tomará de tus manos el canasto
y lo depositará ante el altar del SEÑOR, tu Dios.*

*Tu tomarás la palabra y dirás en presencia del SEÑOR, tu Dios;
«Mi padre fue un arameo errante (perdido, destruido).
Que bajó a Egipto,
donde vivió como emigrante con pocas personas aún
pero en ese país se hizo una nación grande, poderosa y numerosa.*

*Pero los egipcios nos maltrataron,
nos despojaron de nuestros derechos
y nos impusieron una dura servidumbre.*

*Entonces gritamos al SEÑOR, Dios de nuestros padres.
El SEÑOR escuchó nuestra voz.
Vio nuestra humillación,
nuestra pena y nuestra opresión.*

*El SEÑOR nos ha hecho salir de Egipto
con una mano fuerte y un brazo tendido,
con grande terror, mediante signos y prodigios.*

*Él nos trajo a este lugar, y nos ha dado esta tierra,
una tierra que mana leche y miel.*

*Y ahora, heme aquí:
Yo te entrego las primicias de los frutos de la tierra
que tu SEÑOR me has dado».*

*Los depositarás ante el SEÑOR tu Dios.
Te postrarás ante el SEÑOR tu Dios.*

*Te alegrarás de todo el bien que el SEÑOR tu Dios te ha dado,
a ti y a tu casa, y contigo (se alegrarán) el levita
y el emigrante que estén junto a ti.*

*El tercer año, año del diezmo, cuando hayas acabado de separar el diezmo de la
totalidad de tus cosechas, y se lo hayas dado al levita, al emigrante, al huérfano, a la
viuda, y que ellos hayan comido hasta saciarse en tu misma ciudad,*

*entonces dirás ante el SEÑOR, tu Dios:
«Yo he retirado de mi casa la parte sagrada, se la he dado al levita, al emigrante,
al huérfano y a la viuda, según los mandamientos que tú me has dado, sin transgredir
ni olvidar ninguno de tus mandamientos,*

*yo no he comido nada cuando estaba en duelo, yo no he tomado nada cuando
estaba impuro, no he dado nada a los muertos. Yo he escuchado la voz del SEÑOR mi
Dios, y he actuado de acuerdo con lo que Tú me has ordenado.*

*Mira desde lo alto de lugar santo, desde lo alto del cielo, bendice a Israel tu pue-
blo y a la tierra que nos has dado, como lo juraste a nuestros padres, esta tierra que
mana leche y miel.*

*El día de hoy, el SEÑOR tu Dios de ordena a poner en práctica estas leyes y man-
damientos: Tú los observarás y los pondrás en práctica con todo tu corazón, y con todo
tu ser.*

*Es el SEÑOR que te ha conducido el día de hoy a declarar que Él es tu Dios, y que
tú seguirás sus caminos, que tu guardarás sus leyes, sus mandamientos y sus normas,
que tú escucharás su voz.*

*El Señor te conduce el día de hoy a declarare que tú eres su pueblo, que le perte-
neces, como Él te lo prometió, y que tú guardarás todos sus mandamientos.*

Él por su parte te hará superior, en honor, en renombre y en esplendor, y te pondrá por encima de todas las naciones que Él ha hecho, y que tus pases a ser de esta manera un pueblo santo para el SEÑOR tu Dios, como Él te lo prometió.

LA ESTRUCTURA DEL TEXTO

A v. 1-3a Nivel de «historia para vivir»
Narrativa en forma de prescripción en «tú», en futuro anterior.
La ley pide imperativamente observar la ley
Don / recepción / contra-don

B v. 3b-5a Nivel del «rito para cumplir»
Discurso ritual en «yo», en presente.
Don / recepción / contra-don

C v. 5b-9 Nivel de «memorial – confesión de fe»
Discurso en forma de texto de los orígenes, en «nosotros» en pasado
Don / recepción / contra-don

B'v. 10 nivel de «rito por realizar»
Discurso en «yo» al presente»
Contra-don / recepción / don

A'v. 11 Nivel de «historia para vivir»
Texto en forma de prescripción, en «tu» al futuro
Don / contra-don

D v. 13-19 El diezmo trienal al levita, al emigrante, al huérfano
[y a la viuda
Dios es garante de la identidad de su pueblo.

UN TEXTO QUE ANALIZA LA MEMORIA

La anacronía es una llave de lectura para para leer la historia del rito de las primicias. El texto juega con prolepsis y analepsis[2]. Mediante una

___
2 Las prolepsis (internas o externas a la narración) son una maniobra narrativa que consiste en

analepsis, el texto traslada el presente de la historia al pasado, lo que permite al narrador hablar de la entrada a la tierra prometida en el futuro, y recordar la figura de Jacob en el pasado. Más que un simple recordatorio del pasado, el texto por su juego de prolepsis y analepsis lleva al lector en Exilio a recordar su condición de emigrante oprimido, liberado por Dios, a considerar la tierra como algo que él recibió y que, por tanto, lo invita, a su regreso del Exilio, para compartirla en la fiesta con el que no tiene tierra: «el levita y el emigrante que están en medio de ustedes». Para anclar firmemente en su memoria que la tierra es dada por Dios, el narrador sugiere que al regreso del Exilio se cumpla un rito de contra don.

Al tratarse de un rito, podemos releer el texto teniendo en cuenta tres polos: 1 / rito, 2 / confesión de fe y 3 / ética.

1. EL RITO

El relato del Deuteronomio establece y legitima una práctica: el rito de las primicias, es decir, la ofrenda de los productos de la tierra que atestigua que la tierra es dada por Dios. Se trata de un-contra-don ritualizado, de un acto simbólico que produce más significado para el israelita que lo realiza. En su conjunto, el relato habla de la institución de este rito como una prolepsis: «Cuando hayas llegado al país que el Señor tu Dios de da en herencia, cuando haya pasado a ser tuya y que tú la habites». v.1. Si admitimos que el texto está escrito en la época del Exilio, o incluso después, esta lectura proléptica da un significado particular al don de la tierra. El don de la tierra prometida solo encuentra significado cuando se ha perdido[3].

La ofrenda de las primicias es sino una parte simbólica de la cosecha o de la cosecha por venir. La primera función del rito propuesto no es

contar o evocar con anticipación un hecho posterior desde el punto de vista de la historia que se cuenta. Las prolepsis externas también pueden ser históricas o an-históricas, escatológicos. El término analepsis designa la evocación de un acontecimiento anterior al punto de la historia que se cuenta y al tiempo presente en el que se encuentra el narrador. Podemos distinguir analepsis históricas, internas o externas (al texto mismo) que pueden remontarse al comienzo del mundo, de la creación. Las analepsis históricas - alusiones a personajes bíblicos: Jacob, Moisés, David, Elías, Isaías - enriquecen la narración. Por lo tanto, estas evocaciones pueden tener un carácter histórico, pero también pueden evocar un más allá de la historia. Por lo tanto, primero podemos identificar las analepsis históricas (por ejemplo, referencias a la historia de Israel) y análisis an-históricas (referencias a la relación entre Dios y su pueblo). Estas últimas son esenciales. Permiten conocer particularidades de la identidad del pueblo, de su y de su misión.

3 Una pequeña analepsis está señalada en el versículo 2, El israelita debe tomar el producto que ha cultivado. E pone en evidencia el don de la tierra por Dios.

devolver (el contra-don), sino de confirmar que se ha recibido. Por tanto, el rito dice que recibo mi vida y todo lo que la posibilita de Dios. Tal afirmación no nos es evidente, ya que hoy en día: «¡no queremos deberle nada a nadie!» El ser humano es autónomo, hasta el punto de auto-culparse a sí mismo de existir.

Es necesario subrayar la dimensión esencial de la recepción: en primer lugar, la vida se recibe de Dios y la fe, que de ella brota, se recibe como un don gratuito[4]. Al decir esto, el Deuteronomista sabe que pertenecer a un pueblo, el pueblo de Dios es una pertenencia fuerte que se basa en la trascendencia. A diferencia de nuestro mundo del siglo XXI, donde lo colectivo se piensa a partir del individuo y su autonomía, en esta cultura el fundamento de lo colectivo es anterior al individuo. Esta pertenencia no se vive como una dependencia amenazante, sino como una garantía de supervivencia en un mundo poderoso, fascinante e incluso hostil, Babilonia.

DIMENSIÓN CRÍTICA DEL RITO

Nuestras sociedades viven de dos lógicas, la lógica del intercambio de mercado y la del intercambio simbólico. Hoy en día estamos obsesionados con el intercambio de mercancías. La sociedad mercantil favorece al objeto, no sólo por su uso, sino porque es un signo (de riqueza, clase social, pertenencia a un grupo, etc.). Por tanto, lo que da valor a un objeto no es el uso que se hace de él, sino el hecho de que se convierte en un signo: esto duplica imaginariamente lo real. La publicidad se adapta a los valores que nuestra sociedad transmite. Ella no hace sino «revelar», o en el peor de los casos, los refuerza. Pongamos como ejemplo un automóvil. La publicidad nos dice: «Fuiste hecho para conducir un Mercedes». La publicidad trabaja con la imaginación del poder y la seguridad. «Tu auto es espiritual», responde a un valor que emerge hoy, la búsqueda por lo espiritual, etc.

Estos signos hacen referencia a un cierto tipo de relación –de competencia– o más bien de ausencia de relaciones. El signo es un tipo de simulacro. Los objetos-signos están disponibles. Podemos tomar todo, comprarlo todo...[5] Mejor, se nos ordena tomar. Vivimos en una sociedad

---

4 Para los cristianos, siguen los sacramentos del bautismo y la Eucaristía (acción de gracias). El bautismo es figura de este don: mediante la muerte y resurrección en Jesucristo; yo recibo hermanos y hermanas en una comunidad que ya no tiene su lugar privilegiado en «mi pueblo»; yo recibo allí el mundo concreto y cotidiano como lugar de esta nueva vida.

5 Esto es lo que afirma fuertemente y condena el texto de Apocalipsis 18,11-17: el juicio de Babilonia: «11 Y los mercaderes de la tierra lloran y se lamentan, porque ya nadie compra sus

que nos gratifica constantemente con sus dones y que nos ofrece todas las seguridades posibles: podemos estar seguros de no perder nada de nuestro patrimonio de valores por robo, incendio, enfermedad, accidente... Se trata de una lógica de mercado, del signo-valor, de la necesidad que busca ser satisfecha inmediatamente mediante la posesión de objetos.

Otra lógica, es la del intercambio simbólico. Los antropólogos la han estudiado en las sociedades llamadas «primitivas». ¡Queremos ignorar que también ella gobierna el nuestro! Y está determinada por el no-valor, por el don, el regalo. Se da sin calcular. Se está acostumbrado a dar o devolver un regalo, incluso si no es el valor del regalo lo que importa. No dar, no recibir, es rechazar la alianza, la comunión, es por tanto declarar la guerra. Estamos por lo tanto más allá de la lógica de la utilidad, de la inmediatez. El principio es el exceso. En nuestras sociedades comerciantes, no queremos reconocer que es esta lógica profunda la que nos hace vivir como personas en comunidades, que es esta lógica la que estructura nuestras relaciones con los demás, en lo que tienen para nosotros de esencial y estructurante.

En el intercambio simbólico, el objeto real del intercambio son las personas mismas: alianza, reconocimiento, lugar de las personas en el grupo, las relaciones, la identidad. Son las personas, relaciones de intercambio a través de artículos de regalo, bajo la autoridad del Otro. Se intercambian con su falta-de-ser. Este régimen de deseo se articula a petición del Otro. Esta forma de intercambio fortalece la relación entre los seres[6]. En este orden, la recepción es primordial. Ahora, supuestamente estamos obligados a adquirir todo por nosotros mismos, o a exigir todo como obligación por parte de las autoridades oficiales, ya no sabemos recibir. El desafío es volver a aprender a dar y recibir regalos, a volver a aprender la importancia de los demás en nuestras vidas. En nuestros días ¿no estamos obligados prácticamente a hacernos pequeños obsequios a nosotros mismos: «Me ofrecí un viaje maravilloso»? La fuerza del rito propuesto por el Deuteronomio es recordar la importancia del don y en el don el aspecto primordial de la recepción del don. Si Dios, que es el bien,

---

bienes, 12 cargamentos de oro y plata, de piedras preciosas y perlas, de lino y púrpura, de seda y escarlata; de madera dulce, objetos de marfil, madera preciosa, bronce, hierro o mármol, 13 canela, perfumes, mirra e incienso, vino y aceite, harina y trigo, bueyes y ovejas, caballos y carros, cadáveres y vidas de las personas.»

6 Este aspecto es la clave para comprender lo que se intercambia entre el Padre y el Hijo en Jn 17.

se da a sí mismo creando, enviando a su Hijo en el Espíritu que es el Don totalmente gratuito, para que haya donación, es igualmente importante que los seres humanos acojan y reciban este don.

2. CONFESIÓN DE FE

En las palabras que acompañan al rito, una primera analepsis subraya la importancia de este don por su alcance: «Llegué al país que el SEÑOR juró a nuestros padres darnos» v.3, el segundo por su amplitud al tomar toda la historia del pueblo de Dios a partir de Jacob v.5b. «Mi padre era un arameo perdido y errante». Bajó a Egipto...». Este gran análisis recuerda la gratuidad del don que caracteriza el presente del israelita que celebra el rito.

«Mi padre era un arameo errante», perdido. Traducir «'abd» «perdido» por «errante» induce la sensación de una búsqueda de dirección, mientras que se trata de «perdición», de «destrucción» en el resto del discurso. La migración no es solo una cuestión de destino, más bien una cuestión de vida o de muerte. ¿Cómo escapar de la muerte?[7] La respuesta a este estado de cosas, a este peligro, solo puede ser la liberación. Esto es lo que afirma el «credo» antes señalado. El discurso es un resumen de la historia, un recordatorio: Dios está presente en la historia. Esta confesión de fe, por lo tanto, no es una lista de verdades para creer. Sino que creer es confiar. Confesar la propia fe es contar la historia más o menos larga de la manifestación de una presencia de salvación. Su carácter de narración histórica es la originalidad que lo constituye. La Torá, la Ley, es fundamentalmente una narración, una historia, que cuenta los orígenes del antiguo Israel y que, en el momento de la catástrofe del exilio, le recuerda su identidad: se trata de un milagro, de un acto de Dios, una liberación que lo dio a la existencia y lo hace vivir. Recordar la historia en forma de narración ayuda a reestructurar la fe. ¡La vida nos es dada, la tierra nos es dada! Esta confesión de fe es el testimonio del don de salvación hecho a los padres por «tu Dios», en oposición a otros dioses que no pueden ser confiables sino más bien amenazantes.

Jesucristo extenderá este don a todos. Cristo es ofrecido gratuitamente por Dios para la salvación de todos. La elección es una elección particular, pero no exclusiva. No es una preferencia sino una responsabilidad dada. La elección es la condición de todo amor, pero no significa la exclusión de los demás.

---

7 Se habla de 2,000 muertos ahogados en el mediterráneo durante el 2018.

DIMENSIÓN CRÍTICA DE ESTA CONFESIÓN DE FE

Es a este Dios y no a otro al que confieso: Dios interviene en la historia, nunca en una tierra virgen. Él siempre está ocupado por una religión, una cultura, una visión del mundo. Siempre habrá cananeos antes que los israelitas ... Hoy podemos plantear la hipótesis de que nuestro mundo está afligido por la melancolía. Cada vez está menos preparado para afrontar la realidad, para encontrar sentido al compromiso ya que lo que predomina es el sentimiento de impotencia. Durante las décadas de 1970 y 1980, nuestra sociedad occidental tuvo que lamentar los gloriosos años treinta con su optimismo científico y humano, en el del desarrollo. Esto había llevado a decir que nuestra sociedad estaba deprimida. Esta etapa necesaria y saludable en cualquier proceso de duelo, permite en última instancia a la persona o al cuerpo social comprometerse en otras relaciones, otros desafíos, otros proyectos. Pero en nuestros días, está claro que después de presenciar Chernóbyl, derrames de petróleo, dos grandes genocidios en Camboya y Ruanda, una guerra a las puertas de nuestra casa en la ex Yugoslavia, etc., un sentimiento de impotencia despierta y hace que la pérdida arroje su sombra sobre el ser, sumiendo nuestro mundo en la melancolía. A pesar de todos nuestros esfuerzos ecológicos, la lucidez del análisis sobre los movimientos sociales, etc., nuestro pequeño planeta se encamina lenta pero seguramente hacia catástrofes climáticas y conflictos sociales autodestructivos (cfr. los chalecos amarillos). Podemos citar como ejemplo mensajes del tipo: «Mejor por el planeta si desaparece la especie humana», como elemento sintomático de melancolía[8].

Ante este sentimiento, el antídoto es la esperanza. Esperar no es ser ingenuo en nuestro mundo melancólico, sino creer que lo imposible es posible. Dios no nos encuadra en lo que somos hoy, no estamos todavía acabados. La esperanza se basa en tener fe en un futuro, una realización de este mundo que no es el resultado de nuestro trabajo, que sin embargo es útil pero no «necesario».[9]

«Mi padre, un arameo errante / perdido»: la confesión de fe hace aparecer la falta-de-ser, la perdición, la muerte, no como males inevitables, sino como el lugar mismo del origen de la vida verdadera, gracias a

---

8 Cfr. La Colapsología que predice el colapso de nuestra sociedad.
9 Cfr. Jerusalén bajando del cielo Apocalipsis 21.

la acción de Dios. El pueblo («nosotros») nace en el acto de salvación, de liberación de Dios. Al confesar su fe, los creyentes no se contentan con repetir el pasado, sino que relatan la experiencia de la salvación de Dios en el presente de su historia. La salvación es más que solo la curación de heridas es la voluntad de Dios de llevar a toda la creación, a todos los seres y personas en todas sus dimensiones, a la plenitud.

3. VERIFICACIÓN ÉTICA

El proceso no termina con la recepción. Existe lo que se llama el contra-don. Recibir algo es, en cierto modo, ponerse en movimiento para dar a su vez. El tercer momento es, por tanto, la verificación, el «hacerlo verdadero»: el practicante del rito se inscribe él mismo en esta lógica del don simbólico.

Esto debería ayudarnos a pensar en la gracia de Dios según Deuteronomio. Y aquí es importante subrayar que otras culturas nos ayudan a entender lo que esto significa: los otros, extranjeros, inmigrantes, necesitados... ¡tienen algo por hacernos redescubrir!

La mayoría de las veces pensamos en la gracia en términos de gratuidad: la gracia significa que no estamos al origen de nuestras vidas, al origen de nosotros mismos; que nos recibamos como un don, no necesario. No podemos justificar nuestra existencia con nada, no podemos ni tenemos que «ganarnos» nuestra vida: esta es la buena noticia, el Evangelio de la libertad.

Por lo tanto, también debemos pensar la gracia en términos de «gratuidad»: esto significa que es el resultado de un exceso, de lo que se da como «propina/pilón», sin cálculos ni regateos. A la gracia recibida corresponde un compromiso sin medida en el camino de esta libertad.

Básicamente esto implica que ambas partes están totalmente comprometidas con su don y que compromete a toda su persona. Y en esta perspectiva hay don, recepción, una solicitud de respuesta, un contra-don. Si yo no puedo responder de un don, no soy respetado como persona, eso me deshumaniza. Pero yo no puedo responder con un contra-don de valor equivalente. Esto sucede nuevamente en el registro de lo simbólico. Esto no quiere decir que el contra-don es sin valor, al contrario. Simplemente, se considera fuera de valor. Porque este don debe ser acorde con lo que es el Espíritu, el don totalmente gratuito que llega hasta el abandono del don. Algo extremadamente profundo está en juego en este proceso de intercambio simbólico. Se trata de la configuración de la persona como creyente o simplemente como persona en su verdad. De hecho, una persona, una comunidad, la humanidad están siempre por nacer. Es necesario que se realice el paso -representado por el bautismo- de la muerte a la vida.

La Iglesia es (o debería ser) figura en este paso, un pueblo que camina por el desierto hacia la Tierra Prometida.

PERSPECTIVA CRÍTICA DE LA VERIFICACIÓN ÉTICA

En nuestra sociedad todo se da de forma unilateral. ¿Las personas mayores? Hay asistencia social para ellas. ¿Los inmigrantes? Un servicio se ocupa de ellos. ¿Solicitantes de asilo? Caritas se ocupa de ellos. Como si todo lo que hiciera falta fuera una buena administración y distribución entre todos. ¡Como si fuera suficiente dejar que el Estado lo haga para vivir felices y sin preocupaciones!

La perspectiva de Deuteronomio es más rica: comienza con alegría. ¡Regocijarse! Pero no se puede uno regocijar sin los otros –sin el levita, sin el inmigrante– sólo se puede uno regocijar verdaderamente con ellos. ¡La alegría es inclusiva o no lo es! Por lo tanto, esta palabra tan fuerte: «y contigo el emigrante que está en medio de ti» v.11. Debe recordarse que los levitas hacen parte de una tribu de Israel que no tiene tierra como el emigrante. El lugar del emigrante no está en la periferia, en las barracas, en las «selvas» donde todo les hace pensar que son apenas tolerados y por el menor tiempo posible. La diferencia no debe entenderse en términos de competencia o de privación: los refugiados por razones económicas que vienen a comerse el pan de los suizos... Que nos atrevamos a llamarlos con el término reduccionista de economía es bastante revelador de cierto sistema de valores y ¡por tanto de cierta idolatría.

¿No deberíamos recordar aquí que la diferencia es la posibilidad de la alegría, porque hace posible la comunicación, la alianza y el diálogo?

En el orden de lo simbólico, sólo existe lo universal en lo particular.

4. LA MIGRACIÓN. ¿UN RIESGO ECONÓMICO?

El deuteronomista tiene una sabiduría muy fina, la de hacer seguir el relato de las primicias mediante la mención del diezmo (Dt 26,12-19). El diezmo recuerda que Dios es el dueño de la tierra. El diezmo puede reclamar los primeros productos de la tierra de manera natural (grano, vino, aceite) o mediante el dinero. En este pasaje, se trata del diezmo que debe darse cada tres años para el sustento de los levitas y para los pobres (viudas, huérfanos). Hay aquí un recordatorio de lo que debería ser una economía saludable, una «ley para la casa» que garantice una distribución justa de los bienes, especialmente los alimentos. Una ley que obliga a todos a dar lo mínimo para vivir cada día. Esta ley está en conformidad con la del Padre Nuestro –corazón del Sermón de la Montaña– que expresa la legítima necesidad de tener pan para este día, es decir, tener suficiente para comer por un día (cf. el maná). De hecho, la falta de alimentos es una fuente de violencia y, a la inversa, la acumulación de bienes conduce a una sobreabundancia y un desperdicio ilimitados. La declaración del Deuteronomio se opone, como hará igualmente Aristóteles, a la mentira de confundir a la economía con la adquisición de bienes (crematística) y a sus reglas implacables en los negocios: reducir el personal, y aumentar la producción y el beneficio.[10] Por lo tanto, es fácil comprender la «amenaza» que un flujo migratorio puede representar para este sistema, generando costos que podrían frenar esta carrera por adquirir bienes ilimitados. Los problemas son, por una parte, una distribución justa de los bienes y, por otra darnos cuenta del envejecimiento de nuestras sociedades en Europa occidental, que tendrán que enfrentarse a la dificultad de recuperar dinero para las pensiones debido a la falta de jóvenes[11]. De esta manera se implementaría una «eco-nomía» real, permitiendo a los habitantes de la casa común, tener condiciones de vida dignas y suficientes.

5. LA PERSPECTIVA FRANCISCANA

LA VERDADERA ALEGRÍA Y LA NO APROPIACIÓN

Dividir la tierra es una cosa, compartir los productos de la tierra es otra muy distinta. Como la tierra es un don, que produce lo suficiente para

---

10 Según la ONG Oxfam en 2018, 26 multimillonarios tienen tanto dinero como la mitad más pobre de la humanidad, los 3.800 millones más pobres del planeta. «La creciente brecha entre ricos y pobres penaliza la lucha contra la pobreza, daña la economía y aviva la ira en todo el mundo», dice Winnie Byanyima, directora ejecutiva de Oxfam International en el Foro Económico Mundial de Davos 2019.

11 Esta fue la apuesta que hizo la canciller alemana, Angela Merkel, al permitir que 1 millón de migrantes ingresaran a su país.

alimentar a todos, los productos de la tierra no son propiedad exclusiva de quienes recibieron la tierra en préstamo. El Deuteronomio ya expresa lo que se llama en ética social la obligación social de propiedad. El Deuteronomio va más allá de este derecho fundamental al invitar a toda la población, incluidos los inmigrantes, a una celebración de reconocimiento.

En una historia famosa, San Francisco da una definición de la alegría perfecta o alegría verdadera[12]. Al ser rechazado por sus hermanos, le dijo al hermano León: «Les aseguro que, si tengo paciencia y no me muevo, en eso consiste la verdadera alegría, la verdadera virtud y la salvación del alma». Frente a la puerta cerrada del convento y el rechazo de los hermanos, Francisco puede expresar lo que es la verdadera alegría en dos expresiones. La primera: «Si tengo paciencia...» La palabra latina tiene la raíz «pasión-sufrir», aguantar el sufrimiento en la prueba, pasar por la dificultad, no quitar el cáliz de la voluntad del Padre, vivir la Pasión de Cristo. La segunda: «Y no me muevo». Creer o mejor dicho «confiar» como el Hijo confía en el Padre, misericordioso, creador, soberano bien, fuente de todo bien, de toda vida. Tener confianza en Aquel que puede más allá de la muerte resucitar a su Hijo y también a nosotros. Es a través de estas dos actitudes, la paciencia y la inmutabilidad, que son las del Hijo, que nosotros somos hijos e hijas de Dios a su imagen capaces de «verdadera alegría, verdadera virtud y salvación del alma». La virtud es ante todo una cuali-

---

12 1El mismo [Hermano Leonardo] señala en el mismo lugar, que un día, en Santa-María, el Beato Francisco llamó al Hermano León y le dijo : - Hermano León, escribe. 2 Y él le respondió: - Estoy listo. 3 – Escribe: ¿cuál es la verdadera alegría? 4 llega un mensajero y dice que todos los maestros de París han venido a la Orden; escribe: esa no es alegría real. 5 De igual manera que todos los prelados de varios lugares, arzobispos y obispos; al igual que el Rey de Francia y el Rey de Inglaterra; escribe: Esa no es alegría real. 6 Que mis hermanos fueron a ver a los infieles y los convirtieron a todos a la fe; También que tengo tal gracia de Dios que curo a los enfermos y hago muchos milagros: les digo que en todo eso no es la verdadera alegría. 7 - Entonces, ¿qué es la verdadera alegría? 8 - Vuelvo de Perugia en una noche profunda y vengo aquí con ustedes, el clima es de invierno, estoy sucio y con tanto frío que, gotas de agua helada se forman en los extremos de mi túnica y golpean mis piernas sin cesar, y mi sangre fluye de estas heridas. 9 y con lodo, frío y helado, llego a la puerta, y después de mucho tiempo de estar tocando y llamando, un hermano viene y pregunta: «¿Quién es?». Yo contesto: «El hermano Francisco». «10 Y él responde: ¡Vete! No es una hora decente para caminar; no entrarás». 11 Y como yo insisto, él de nuevo me dice: «¡Vete! Eres pobre y analfabeto, no entrarás a nuestra casa, somos muchos y no te necesitamos». 12 Yo me paro de nuevo frente a la puerta y le digo: «¡Por el amor de Dios, recibidme esta noche!» 13 Y él me contesta: «No lo haré, 14 ve al lugar de los Cruzados y allí pregunta.» Les aseguro que si tengo paciencia y no me muevo, en eso consiste la verdadera alegría, la verdadera virtud y la salvación del alma. CF. FRANÇOIS D'ASSISE, Escritos, vidas, testimonios (octava edición del centenario), J. Dalarun (ed.), París, Le Cerf / Éditions franciscaines, 2010, p. 392-393.

dad de Dios, no es la fuerza de los seres humanos. Es la fuerza de Dios en nosotros, el soplo, la energía del Espíritu que nos hace vivir en la verdad. La salvación es el inmenso don de Dios que escribe con nosotros la historia de la liberación, de la alianza. El que nos salva, nos hace hijos, hermanos y hermanas reconciliados, pacificados en nosotros mismos con Él y con los demás. No es fruto de nuestros esfuerzos, sino la salvación dada por Otro.

La respuesta de San Francisco no es el simple despojo, una empresa ecológica saludable en nuestro mundo de agotamiento de las riquezas del suelo, sino la no apropiación. Para San Francisco no somos propietarios de nada, ni de la creación, ni de nuestra vida, ni de la tierra, ni de las cosas, ni de los bienes que hacemos, ni del bien que los otros hacen, ni siquiera del mal que otros cometen. Cfr. Adm XI[13].

Entonces las dos claves para captar el significado de lo que es la verdadera alegría son la conformidad con el Hijo y la no apropiación.

Esta alegría es mucho más que la alegría del contentamiento o la admiración. Va más allá de la simple desapropiación, es consentimiento a lo recibido, es filiación, es ser hijo, hija de Dios en el Hijo. Esta identidad dada es un llamado, que nos exhorta a amar, a seguir amando al otro incluso si el otro nos es hostil. Esta alegría es la alegría de la Pascua, la alegría de la fuerza de la salvación gratuita de Dios, este Dios que es don y que nos pide a su imagen que demos hasta el abandono del don. Es entonces que, conformados al Hijo, desde el fondo de nuestro ser, con una alegría profunda, discreta y verdadera puede brotar en nosotros un cántico de alabanza con el salmista:

«Yo cuento con tu fidelidad:
que mi corazón disfrute de tu salvación,
que yo cante al SEÑOR por el bien que me ha hecho»
Salmo 13, 6.

San Francisco se revela de esta manera como hermano universal.

El otro, incluso si es visto como un enemigo, es un hermano. San Francisco apuesta por la fraternidad que hay en el otro. Él cree en la

---

13 *«NADIE SE DEJE CORROMPER POR EL MAL DE OTRO : 1 Nada debe desagradar al siervo de Dios, excepto el pecado. 2 Y sin embargo una persona pecaría, si a causa de esto el siervo de Dios se enojara y tuviera cólera —no por caridad— acumularía una falta para él. 3 El siervo de Dios que no entra en cólera ni se enoja por nadie, lleva una vida justa, sin nada como propio. 4 Es bienaventurado porque no retiene nada para sí mismo, devolviendo al César lo que es del César, y a Dios lo que es de Dios.»*

morada del Dios Trino en el otro, incluso si este último no es consciente de ello. Con esta convicción San Francisco correrá el riesgo de cruzar las líneas de los cruzados para encontrarse desarmado con el sultán Malik al-Kamil en 1219. Su audacia muestra claramente que la palabra hermano no es un título, sino un programa: hacer de tal manera que el otro nos llame hermano gracias a un acercamiento respetuoso y no violento, haciendo la elección de la minoría.

RECURSO A LA MEMORIA: SAN AGUSTÍN Y SAN BUENAVENTURA

Al relatar el pasado, el deuteronomista recurre a la memoria. En el corazón del rito, recordar el pasado es un momento esencial y fundacional en la forma de situarse, de tomar conciencia de la presencia de uno en el mundo, de su condición de criatura.

Por una parte, San Buenaventura se apoya en san Agustín para afirmar que Dios es el Bien porque el bien es auto-difusivo, y por otra parte en su concepción de la memoria. San Agustín en el capítulo X de sus Confesiones trata a la memoria como una psicología cognitiva, pero desde una perspectiva teológica. Para él, siguiendo una concepción platónica, la memoria es constitutiva de la identidad y el alma ligada al cuerpo la atraviesa en su impulso hacia Dios. Para Platón, el alma ha tenido acceso al mundo de las ideas, incorporándose las ha olvidado y mediante el esfuerzo de la reminiscencia, la memoria, puede «re-conocerlas». Los sentidos le permiten restituir lo que había perdido. San Agustín retoma esta perspectiva platónica para mostrar cómo la memoria juega un papel esencial en el camino del alma a Dios. Dios debe ser encontrado más allá de la memoria, pero también mediante ella y en ella. Esto requiere el ejercicio de la inteligencia y de la voluntad. Retomando esta perspectiva agustiniana, la memoria para Buenaventura no se limita a los recuerdos del pasado, ella es la *memoria de la Fuente*, del fundamento de nuestra estructura de ser imagen y semejanza de Dios. Es la marca del sello de la Trinidad en la persona humana. Esta presencia despierta el deseo de unión con Dios.

Para Buenaventura, no es posible desear algo sin conocerlo. Si el olvido fuera total, la cosa no se podría ser deseada. Si para él, el ser humano es criatura de Dios, es porque Dios y el deseo de Dios están en él. Como dice el profeta Isaías: «Ciertamente el camino de tus juicios, Señor esperamos, a tu nombre y al recuerdo de ti el deseo del alma se dirige. Durante la noche mi alma suspira por ti, y mi aliento dentro de mí te está buscando.» Isaías 26,8-9a.

Si el origen de la violencia es el odio al origen (Sibony), entendemos por lo tanto lo fundamental y urgente que es sanar la memoria. La memoria se ve afectada por choques emocionales, estrechos vínculos con los afectados. La violencia es un choque entre dos cuerpos (el cuerpo físico y el cuerpo memoria), entre dos síntomas, entre dos narcisos (D. Sibony). En situación de conflicto, la memoria está a menudo tomada como rehén. En los conflictos familiares, intergeneracionales, de la ciudad, étnicos, etc., siempre es el otro quien nos ha agredido, quien ha comenzado. ¿Cómo sanar a la memoria de conflictos centenarios? Por eso es importante trabajar en relación con el origen para sanar la memoria personal, poblacional, patriótica, étnica, para superar los conflictos violentos y lograr la reconciliación.

Si la memoria es, como dice San Buenaventura siguiendo a San Agustín, un recuerdo de la marca de la Trinidad en nosotros, entonces ella nos coloca en una relación con el mundo marcado por el don, la gratuidad, la no posesión de la creación. Hay que recordar que, como diría la primera Epístola de Pedro (1P 2,11), somos forasteros y peregrinos en la tierra se vuelve un antídoto bienvenido contra cualquier forma de dominio sobre una tierra, un país que sería moldeado solo por la mano del hombre y las derivaciones de la «deep ecology», el retorno a una concepción de la naturaleza considerada como simple materia y energía.

EN RESUMEN

En el flujo migratorio de nuestro tiempo, el texto del Deuteronomio nos invita a re-articular para nuestros tiempos el rito, la confesión de fe y la verificación ética. La dimensión ritual nos recuerda que los gestos se inscriben en una cultura. La dimensión de la confesión de fe enfatiza que la salvación se inscribe en la historia de este mundo y que no hay otro. La dimensión ética abre a una vida en sociedad basada en el intercambio y en el exceso del don. En el corazón de nuestra sociedad, las comunidades cristianas están llamadas a ser signo. Por lo tanto, tienen que cuestionar sus prácticas rituales, la pertinencia de su confesión de fe y su manera de actuar con los otros, en particular extranjeros y migrantes. A los sin tierra nos toca a nosotros darles un espacio para vivir, para celebrar y festejar, es decir más que un espacio donde apenas son tolerados. Y si para nosotros, suizos, un extranjero es alguien que no trabaja, ¿qué debemos pensar de la prohibición que se hace a los que solicitan trabajo?

La presencia del otro es preocupante, constituye una amenaza, una fuente de angustia entre hermanos, por ejemplo. El relato de Deuteronomio mantiene diferencia entre las personas: los israelitas, los levitas, los emigrantes. Pero recuerda lo que hay de común entre todos, vivir en la misma tierra, festejar. Esto significa que cuando se trata de la Tierra Prometida, no debemos confundir al país con el Estado. El país proporciona a todos lo necesario para vivir. El Estado organiza la vida en común para que todos tengan el mínimo vital. Esto significa que es inaceptable dejar que la gente viva en el espacio *no man's land* de nuestras fronteras, resultado de decisiones históricas arbitrarias. El pueblo hebreo aprendió en el Exilio a repensar las fronteras, no en términos de territorio perdido de reconquista, sino evolucionando hacia una concepción teológica de Dios, que trasciende la pertenencia a la tierra para volverse relación con la Torá, la Palabra de Dios, un Dios universal. Una pertenencia fundada en una Palabra de liberación ofrecida a todos, y que funda el origen de todos los seres humanos sin distinción. Esta búsqueda de identidad solo puede tener lugar a través de una curación de la memoria.

La presente reflexión analiza el tema de la migración desde la perspectiva de la espiritualidad franciscana. Esta espiritualidad considera al mundo como una creación querida por un Dios que conduce al mundo a su plenitud. Fruto de una libertad de don, la relación con el mundo –de todos los seres humanos– está marcada por la «no-apropiación».

La filiación recibida como don es el fundamento de toda fraternidad.

HNO. MARCEL DURRER, OFM CAP, 24.07.1951

St-Maurice, Suiza, miembro de AIEMPR desde 2002, tesorero, formador en la Iglesia católica, biblista y supervisor pastoral de agentes pastorales: sacerdotes, diáconos, laicos y equipos pastorales, miembro de la Animation Biblique Œcuménique Romande (ABOR) desde 1978 hasta 2016, desde 1985 miembro del CCRFP y luego del Centro Católico de Formación en Iglesia (CCRFE), profesor en el Instituto Romando de Formación en Ministerios (IRFM) en Friburgo.

Publicaciones: D. Marguerat, Y. Bourquin, en colaboración con Marcel Durrer y F. Clerc, *Pour lire les récits bibliques*, Novalis, Cerf, París 1998; Col., Biblia y Culturas. Ed. P. Lethielleux, París 2001; *Chemin de résurrection. Prédelle au Chemin de Croix*, Ediciones Franciscanas 2010; Dossier «Appelés à faire Église en Suisse romande»; Cahiers de spiritualité franciscaine.

SER EXTRANJERO PARA UNO MISMO Y PARA LOS DEMÁS. UNA REFLEXIÓN A PARTIR DE EMMANUEL LEVINAS

DR. FRANCISCO XAVIER SÁNCHEZ HERNÁNDEZ

«Después dijo el Señor: «No es bueno que el hombre esté solo. Haré, pues, un ser semejante a él para que lo ayude. Entonces el Señor hizo caer en un profundo sueño al hombre y éste se durmió. Y le sacó una de sus costillas, tapando el hueco con carne. De la costilla que el Señor había sacado al hombre, formó una mujer y la llevó ante el hombre. Entonces el hombre exclamó: Esta sí que es hueso de mis huesos y carne de mi carne.»
Génesis 2, 18.21-23

INTRODUCCIÓN

El objetivo de la presente reflexión es analizar el tema del extranjero desde diversos puntos de vista: histórica, económica, antropológica y escatológicamente, esto con la finalidad de buscar demostrar que nuestra condición humana implica el aceptar la «extranjeridad», por utilizar esta palabra en nuestras vidas. Aceptar que somos extranjeros —incluso para nosotros mismos— no es sinónimo de debilidad y menosprecio, al contrario; es reconocer que necesitamos del otro, del extranjero que es distinto a mí, para poder constituirnos y poder decir: *«yo soy gracias a ti»*.

Vivimos en una sociedad que nos ha inculcado el miedo a lo extraño, a lo diferente. ¿Por qué? Porque se ha privilegiado e idolatrado al «yo» por encima del «tú», del «él», del «ella», o del «ustedes», en fin, de todo aquello, o más bien dicho de todos «aquellos» que sean diferentes de mí. Una sociedad que busca la <u>globalización</u>, pero para fines puramente económicos, no para la integración del extranjero; una sociedad que ha desarrollado innumerables medios de <u>comunicación</u>, pero donde los seres humanos vivimos cada vez más aislados y en soledad, extranjeros los unos a los otros; una sociedad muy sofisticada <u>tecnológicamente</u>, pero donde hay millones de seres humanos muriendo de hambre y de frio, como extranjeros en sus propios países de origen, en fin; una sociedad que crea muros en sus <u>fronteras</u> para protegerse del otro, de aquel que les incomoda, del pobre, del extranjero, pero que sin embargo necesita de él o de ella para seguir acumulando su riqueza.

Pero ante todo ¿qué significa la palabra extranjero? Normalmente se entiende como extranjero/a a la persona que viene de otro país, el que es extraño, diferente. Etimológicamente encontramos que la palabra extranjero viene del francés antiguo: *estrangier*, (hoy se dice *étranger*), formada de *estrange* (extraño) El francés a su vez tomó *estrange* del latín *extraneus* (el mismo termino que nos dio la palabra extraño), a partir de la raíz *extra* (fuera de). Es importante para nuestro estudio recordar que la palabra latina *extra* viene de la raíz indoeuropea *eghs–* (fuera de), que dio el prefijo griego ek–/ex–, y que encontramos en palabras como éxodo, exorcismo o exótico, entre otras.[14] Es decir que lo extranjero es lo que está fuera del ámbito de lo propio, de lo conocido, de la propia cultura, lengua, tradiciones, etc. Sin embargo, como veremos a continuación, lo extranjero es aquello que tarde o temprano nos llega, o nos debe constituir, como nuestro yo más profundo, dejando por lo tanto de ser extranjero, es decir extraño, *«fuera de mí»*, para convertirse en un elemento constitutivo de nosotros mismos, en un *«dentro de mí»*. Como la costilla de Adán en la carne de Eva.

Podríamos hablar al respecto de la extranjeridad de nuestro propio <u>cuerpo</u>. Habitar un cuerpo que en ocasiones podemos sentir como extraño, diferente a nosotros mismos (de allí tal vez la necesidad para algunos/ as de recurrir a la cirugía estética para buscar apropiarse de un cuerpo que les es extraño, que no les gusta, que les molesta); o también podríamos hacer referencia en <u>psicología</u> a la búsqueda del yo, ya que en ocasiones podemos llegar a considerarnos como extraños a nosotros mismos. Sin embargo, para no dispersarnos mucho de nuestro tema, hablaremos solamente de cuatro modalidades del término extranjero que nos invitan a pensar lo extraño, es decir lo diferente, como elemento esencial para la constitución de nuestra propia identidad. Los aspectos que analizaremos brevemente son: la historia, la economía, la antropología y la escatología. De estas cuatro modalidades de entender nuestra relación con lo extranjero, mencionaré muy brevemente los aspecto *históricos* y *económicos*, para detenerme más en detalle en el estudio de la dimensión *antropológica*,

---

14 Cfr. http://etimologias.dechile.net/?extranjero, consultada el 22 de Marzo de 2021.

propuesta por el filósofo judío Emmanuel Levinas, para concluir brevemente con algunas conclusiones que llamaré *escatológicas*.

1. SER EXTRANJERO HISTÓRICAMENTE

No es necesario detenernos mucho para demostrar que todos, de cierta manera, somos extranjeros aún en nuestra propia tierra, es decir que hemos llegado de lejos. En México antes de que llegaran los españoles en 1519, ya nuestros antepasados habían ido poblando paulatinamente lo que hoy consideramos como la República Mexicana. Se considera que los primeros pobladores del continente americano llegaron de Asía, atravesando el estrecho de Bering durante la época glacial, hace aproximadamente 20,000 años. Es difícil precisar con exactitud en qué parte de nuestro planeta comenzó la vida del así llamado *homo sapiens*. Los restos humanos más antiguos se han encontrado hasta ahora en Sudáfrica y datan de 150,000 años. Nuestro ADN demuestra que todos los seres humanos procedemos de una misma raza y que los distintos caracteres (color, estatura, fisonomía, etc.) son tan sólo adaptaciones que nuestros antepasados desarrollaron al ir poblando distintos rincones del planeta. Podemos afirmar que los límites, y en ocasiones barreras geográficas, son recientes y en constante mutación. Por lo tanto, ya desde este primer punto de nuestro trabajo podemos constatar que todos somos extranjeros en el mundo. Todas las culturas y civilizaciones han ido colonizando y explotando, algunas más que otras, nuestro planeta por razones fundamentalmente de subsistencia. Aceptar esta extranjeridad de haber sido *«arrojados al mundo»*, como remarca Martin Heidegger, es una de las primeras y principales condiciones para ir buscando darles sentido a nuestras vidas. No es la tierra, incluso la tierra Santa de Israel por la que ahora luchan judíos y palestinos, lo que da sentido a nuestras vidas, sino la manera de relacionarnos con los seres humanos que poblamos el mundo.

2. SER EXTRANJERO A UNO MISMO O LA ALIENACIÓN ECONÓMICA

A la conquista de lugares geográficos en busca de mejores condiciones de vida, siguió la conquista del hombre por el hombre mismo. Una conquista ya no de la tierra sino de la vida misma de cada ser humano. El filósofo inglés Thomas Hobbes afirmaba en el siglo XVII que el hombre es un lobo para el hombre: «*Homo homini lupus*», en el sentido de que el egoísmo humano busca destruir al otro con tal de predominar política, social, racial, religiosamente, etc.[15] sobre los demás. En este breve estudio analizaré una forma de explotación o de aniquilación del ser humano, hasta el punto de hacerlo extranjero a él mismo, que es la alienación económica.

Karl Marx en *Los manuscritos de 1844* demuestra la enajenación económica de la cual es víctima el obrero por parte de su patrón. No hay que olvidar que, para Marx, el trabajo es un elemento esencial para la constitución y realización plena del ser humano. El hombre mediante su trabajo proyecta lo mejor de él mismo –su vida misma– en los objetos o productos que va elaborando. Sin embargo, después de haber trabajado 8 horas, o incluso más, en la producción de mercancías, al trabajador se le quita el fruto de su trabajo –el capital– que es acumulado por su patrón, pagándole al obrero salarios de hambre que le permiten únicamente sobrevivir para seguir trabajando. Dice Marx: «*El trabajador se empobrece tanto más, cuanta más riqueza produce, cuanto más aumenta su producción en potencia y volumen. El trabajador se convierte en una mercancía tanto más barata, cuantas más mercancías produce. La depreciación del mundo de los hombres aumenta en proporción directa con la acumulación del valor en el mundo de las cosas. El trabajo no sólo produce mercancías, sino que se produce a sí mismo y al trabajador como una mercancía.*»[16] Cuando al trabajador se le despoja de aquello que le pertenece, se le convierte en un extranjero con respecto a su trabajo. Su trabajo y él ya no tienen nada que ver, e incluso su producción se vuelva más valiosa e importante que la vida misma del trabajador. Se trata de una alienación o extranjeridad económica. Comenta Marx: «*Si el producto de su trabajo, su trabajo objetivado le resulta un objeto ajeno, hostil, poderoso, independiente de él, es que se trata de un objeto dominado por otro hombre que le es ajeno, hostil, poderoso, independiente de ese objeto. (…) O sea que, mediante el trabajo enajenado, extrañado, los trabajadores ponen en relación con ese trabajo a otros hombres que le son ajenos y no tienen nada que ver con él. (…). De modo que la propiedad privada es el producto, resultado, consecuencia necesaria del trabajo extrañado, de la relación extrínseca en que se halla el trabajador con la naturaleza y consigo*

---

15 Cfr. Thomas HOBBES, *Leviatán*, Ed. FCE, México, 2012.
16 Karl MARX, *La cuestión judía y otros escritos*, Ed. Planeta Agostoni, Barcelona, 1994, p. 93.

mismo.»[17] De la misma manera que mencionamos la enajenación económica podríamos hablar de enajenación cultural, mediante la cual se le impide al ser humano apropiarse de su propia cultura, lengua, tradiciones, etc., en beneficio de elementos extraños y ajenos a él mismo. Sin embargo, si hacemos referencia en particular a la enajenación económica, es porque ella está a la base en nuestros días de la pobreza mundial y de las grandes olas migratorias de habitantes de países pobres a países ricos. Lo que Marx criticaba a mediados del siglo XIX, no sólo se ha multiplicado, sino que ha crecido en proporciones mundiales. Los nuevos patrones capitalistas son las grandes empresas trasnacionales y monopolios de algunas familias, como en el caso de México, que controlan la vida y la muerte —es decir la economía— a nivel global.

Por lo tanto, una de las principales condiciones para buscar un mundo más fraterno, solidario y justo, es la modificación substancial de la economía a nivel mundial. Mientras el sistema neoliberal siga prevaleciendo en nuestras sociedades, no dejarán de existir grandes movimientos migratorios con toda la injusticia y atropellos a la dignidad humana que esto implica.

3. RESPONDER AL EXTRANJERO, EN BUSCA DE UNA NUEVA MANERA DE ENTENDER LA ANTROPOLOGÍA

Para Levinas hay una forma de vencer ese egoísmo que parece tan natural y ligado a nuestra especie humana y es mediante la escucha al extranjero. Emmanuel Levinas es un filósofo francés que vivió en carne propia el exilio, dejar su tierra natal en la Unión Soviética por cuestiones políticas para emigrar a Francia. También vivió el desprecio por su raza (judía) durante la segunda guerra mundial. Su segundo libro más importante *De otro modo que ser o más allá de la esencia* (1974), está dedicado: «*A la memoria de los seres más próximos entre los seis millones de asesinados por los nacionalsocialistas, al lado de los millones y millones de humanos de todas las confesiones, víctimas del mismo odio del otro hombre, de mismo antisemitismo.*»[18]

Brevemente recuerdo que el pensamiento de Emmanuel Levinas (1906-1995), que podríamos calificar de antropológico, toma como base

---

17 Op. cit., p. 102 y 103.
18 Emmanuel LEVINAS, *De otro modo que ser, o más allá de la esencia*, Ed. Sígueme, Salamanca, 1995, p. 7.

una dimensión que se había descuidado mucho en filosofía y que es la dimensión de la «escucha». Levinas echando mano de su herencia bíblica judía, nos va a demostrar que el hombre no es solamente un animal de razón (*zoon logon échon*)[19] como lo ha afirmado Aristóteles y demás pensadores amantes de la sabiduría, sino que es un ser de escucha. El filósofo siempre ha buscado ver para comprender, nos dice Levinas. Sin embargo, la visión nos lleva a la eliminación del otro, del extranjero. ¿Por qué? Porque la visión busca comprender, entender, asimilar; y al extranjero nunca lo podremos comprender ni entender porque dejaría de ser extranjero, es decir exterior a nosotros mismos. El poderoso ***Logos*** de la razón, tan apreciado por los griegos y por todo el pensamiento racional-occidental de ellos surgido, no nos ha ayudado a relacionarnos con el extranjero, porque lo ha visto como un obstáculo para la razón. Por lo tanto, al extranjero o bien se le <u>ignora</u> o bien se le <u>asesina</u>. Se le ignora, es decir se trata de no verlo, por su color de piel, raza, lengua, pobreza, etc., o peor aún se le asesina. Se le mata de doble manera: físicamente, como lo demuestran las fronteras de varios países en el mundo tan manchadas de sangre, o se le mata negándole el acceso a la educación, a la escuela, al trabajo.

La filosofía, es decir el pensamiento en general, no nos ayuda a relacionarnos fraternalmente con el extranjero, porque el pensamiento busca integrar, asimilar, conocer al otro. Y buscar conocer al otro es destruirlo en su alteridad, reducirlo a mí-mismo, a mis criterios, a mi lógica a mi mundo, a mi yo. La sociedad actual –que algunos llaman post-moderna– critica a la modernidad por haber centrado lo propio del ser humano en la razón. Descartes decía que se podía poner en duda todo, menos la capacidad de pensar, de razonar. El «*cogito ergo sum*» (Dudo, pienso, luego existo)[20] ha hecho mucho daño a la humanidad porque nos ha hecho olvidar que antes de ser animales de razón somos seres de escucha. Hemos desarrollado el pensamiento como nunca, pero al mismo tiempo hemos hecho del mundo un infierno. Comenzando con el calentamiento global, extinción de especies, deforestación, racismo, hambre, pobreza, migración por motivos políticos y económicos, etc. Hermann Cohen, otro pensador judío que promueve no sólo el respeto sino el compromiso ético con el extranjero nos dice al respecto: «*Para los griegos, el forastero es a lo sumo el inmigrante que*

---

19 ARISTÓTELES, *Política* I 2, 1253a 10.
20 Cfr. La segunda meditación metafísica de Descartes.

busca ayuda. En el Pentateuco, constituye el suelo y el cimiento. Por esta razón, a menudo es asociado con el pobre, el huérfano y la viuda.»[21]

Por el reducido tiempo de esta exposición, sintetizaré el pensamiento de Levinas de la siguiente manera. Venimos al mundo como seres egoístas que sólo piensan en comer, es decir en asimilar o transmutar lo otro (lo extranjero) en lo mismo (mi yo). «Yo=Razón=Ser» es una trinidad perversa que constituye nuestra primera identidad egoísta mediante la cual se ignora al otro, o se le niega su extranjeridad reduciéndolo al yo. El otro es lo que yo quiero que él/ella sea para mí. De esta manera el otro se convierte en objeto sexual, laboral, político, etc., que yo exploto a mi conveniencia. Sin embargo, puede suceder que, en algún momento en nuestras vidas, el otro surja como extranjero, con toda la fuerza que esta palabra implica. Como alguien distinto y aún más grande que yo. Levinas para referirse al otro, distinto de mí, utiliza la palabra bíblica «rostro», que hace referencia a la esencia misma de Dios [«*Muéstranos, oh, Dios, tu rostro alegre*» (Salmo 4, 7b)].

Levinas explica lo que podríamos llamar la antropología humana de la siguiente manera. En un primer momento debemos constituir nuestro yo gracias a la razón y a la búsqueda del ser. En este aspecto el gran pensador del Ser, Martin Heidegger, tiene razón cuando afirma que el hombre es el pastor o cuidador del ser. Sin embargo, se deja esta primera etapa identitaria y egoísta, basada en la razón, en el yo y en el Ser, cuando escuchamos la voz del otro (del extranjero) que nos llama a su servicio. Es aquí donde, utilizando las fuentes bíblicas, Levinas nos recuerda que no hemos nacido para nosotros mismos, para razonar y buscar al Ser, sino para servir al otro, al que es diferente de mí, y que podemos llamar extranjero. La preocupación prioritaria en nuestra existencia no tiene que ver con la razón: «*¿Por qué hay algo en vez de nada?*» sino con la ética: «*¿Dónde está tu hermano?*» (Génesis 9a). Responder al Otro y por el Otro no es un acto banal en nuestra vida, sino que es en esa respuesta que nos jugamos nuestra identidad misma. A partir de Levinas podemos decir que no se nace en el día que se

---

21 Hermann COHEN, *El prójimo*, Ed. Anthropos, Barcelona, 2004, p. 10. Y más adelante también escribe: «*Es un hecho conocido que los griegos no llegaron al concepto de prójimo. Y su filosofía clásica, su poderosa y profunda ética, no condujo a la idea de humanidad. Muy pronto se volvió ingenuo en su lengua el concepto qu'es el incomodísimo gemelo de prójimo. Nuestra defectuosa idea de humanidad ha heredado de ellos el concepto de bárbaro.*» Op. cit., p. 61

dice «*yo soy*» sino cuando somos capaces de afirmar «*tú eres. Y yo soy gracias a ti*». En la Biblia el ser humano completo y acabado no es representado por Adán, que sólo piensa en comer y dominar al mundo gracias a la técnica, sino por Eva, que está hecha a partir de la alteridad –de la costilla– del otro. Llevar en nuestra propia carne al otro es existir. El hambre del otro, su sufrimiento, su desempleo, su exilio, deben constituirme a mí mismo hasta el punto de llegar a decir, parafraseando a San Pablo, «Ya no soy yo quien vive, es el Otro (el extranjero) quien vive en mí»[22]

Pongo en paralelo, muy brevemente, dos posturas que marcan la diferencia de perspectivas entre entender la antropología humana centrada en el yo (Martin Heidegger) o a partir del otro (Emmanuel Levinas).

Al término de la Segunda Guerra mundial, Jean Beaufret envía una carta a su antiguo profesor de Friburgo, Martin Heidegger, pidiéndole explicar cómo volver a dar un sentido a la palabra humanismo, sobre todo después de la terrible experiencia de la guerra, del horror y de la barbarie que acababan de vivir en Europa. Heidegger le contesta con su texto *Carta sobre el humanismo* (1946) y le escribe: «*Usted pregunta: ¿Cómo volver a dar un sentido a la palabra "Humanismo"?*»[23] Y a lo largo de su carta, Heidegger va a responder que mientras la preocupación por la verdad del ser no sea la preocupación principal del hombre, no podemos hablar de humanismo sino más bien de barbarie, es decir de aquello que está fuera de la esencia del hombre.

Para Heidegger, la palabra humanismo no puede encontrar su sentido sino a partir de la preocupación por la Verdad del Ser, preocupación que constituye la esencia misma del hombre. «*Si nos decidimos a conservar esta palabra, «humanismo» significa ahora que la esencia del hombre es esencial para la verdad del ser, de tal modo que lo que importa ya no es el hombre simplemente como tal*».[24] Para Heidegger como para Levinas, para poder dar un sentido a la palabra humanismo es necesario pensar siempre al

---

22 La frase textual de Pablo es : «*Ya no soy yo quien vive, es Cristo quien vive en mí*» (Galatas 2, 20a). Con respecto a la implicación del otro en mí, ver el texto de Francisco Xavier Sánchez Hernández, «Porque tuve hambre y me dieron de comer, tuve sed y me dieron de beber. La novedad de un Dios encarnado. Una reflexión a partir de la filosofía de Emmanuel Levinas». En Francisco Xavier SÁNCHEZ HERNÁNDEZ (Coordinador), *¿Cómo hablar de Dios al hombre de hoy? Un desafío para la filosofía del siglo XXI*, UPM, México, 2006, p. 103-121.
23 Martin Heidegger, «Carta sobre el humanismo», en Martin HEIDEGGER, *Hitos*, Ed. Alianza editorial, Madrid, 2001, p. 261.
24 Op. cit., p. 283.

hombre en relación con un llamado original: el llamado de la Verdad del Ser para el primero, el llamado de la alteridad del Otro para el segundo. Heidegger dice: «*El pensar, dicho sin más, es el pensar del ser. (…) El pensar es al mismo tiempo pensar del ser, en la medida en que, al pertenecer al ser, está a la <u>escucha</u> del ser*»[25] Levinas por su parte dice: «*Es necesario preguntarse absolutamente si en la significación del uno-para-el-otro (…) no se <u>escucha</u> una voz que procede de horizontes cuando menos tan vastos como aquellos en los que se sitúa la ontología.*»[26] Para los dos filósofos el ser humano (Dasein para uno, Sujeto para el otro), escucha un llamado que viene de fuera, del «extranjero» por excelencia. Sólo que Heidegger identifica a este extranjero como el Ser ontológico que me llama para preocuparme por él, y Levinas lo identifica con el Ser humano que tiene un rostro y un nombre concreto y que me llama para servirlo. Para el autor de la *Carta sobre el humanismo:* «*El hombre es el **pastor** del ser. Esto es lo único que pretende pensar Ser y Tiempo cuando experimenta la existencia extática como "cuidado" (parágrafo 44a)*».[27] Para el autor de *De otro modo que ser:* «*un hombre es **responsable** de los otros, (…) esta responsabilidad aparece como una intriga sin comienzo, anárquica.*»[28] Si para Heidegger la preocupación del hombre por el ser cumple la esencia misma del hombre, su humanismo; Levinas ve en cambio en esta preocupación la eliminación y la absorción del hombre en el ser, un anti-humanismo. Analicemos la respuesta de Levinas y las razones que explican su oposición al «humanismo» de Heidegger.

Heidegger comienza y concluye su Carta diciendo que no hay que filosofar sobre el Ser sino «pensar» el Ser. El pensamiento del Ser es, dice él, anterior al nacimiento de la filosofía: «*En la actual precariedad del mundo es necesaria menos filosofía, pero una atención mayor al pensar.*»[29] Levinas comienza igualmente el capítulo V «Subjetividad e infinito de su libro *De otro modo que ser* analizando la verdad del ser —que él llama también el develamiento o aparición del ser— poniendo en relación el pensamiento con el ser. «*Que se pueda pensar el ser es algo que ciertamente quiere decir que el <u>aparecer</u> del ser pertenece a su mismo movimiento de ser; quiere de-*

---

25 Op. cit., p. 261.

26 *De otro modo que ser*, p. 215 [Levinas, *Autrement qu'être*, Ed. Biblio essais, Paris, 1994, p 219], no subrayado en el texto.

27 *Carta sobre el humanismo*, p. 272.

28 *De otro modo que ser*, p. 209 [212].

29 Op. cit., p. 297, último parágrafo del texto.

cir que su fenomenalidad es esencial y que el ser no puede prescindir de la
conciencia a la que se hace la manifestación»[30] Levinas subraya la palabra
«aparecer» del ser en el sentido de su presencia; búsqueda de una presencia del ser que Heidegger había abandonado después de haber realizado
el «giro» de su pensamiento: de la cuestión a la verdad y de la verdad
a la claridad del Ser. Sin embargo, si Heidegger no habla de buscar <u>la</u>
<u>presencia</u> del Ser, él habla de buscar <u>la venida</u> de la verdad del Ser por el
lenguaje: «*Lo único que importa es que la verdad del ser llegue al lenguaje
y que el pensar alcance dicho lenguaje.*»[31] Levinas ve en esta búsqueda de
«fenomenalidad» del ser una supresión, o un hacerse a un lado por parte
del hombre en beneficio de la verdad del ser. ¿Por qué? Porque «lo que
cuenta» es la verdad del ser y no la verdad del hombre.

El lenguaje en este caso se convierte en representación, signo que presenta la verdad de otro, copia que re-presenta al ser. Para Levinas no se
trata solamente de una subordinación del hombre al ser, sino también de su
«absorción» en el ser: «*Por lo tanto, todo está del mismo lado, del lado del ser.
Esta posibilidad de absorber el sujeto, al cual se confía la esencia, es lo propio
de la esencia.*»[32] Lo propio de la esencia del ser, de su verdad que Levinas
llama «*el aparecer de la Esencia*»,[33] es absorber al hombre «entero» y no
solamente una dimensión de lo humano; por ejemplo, su vida psíquica,
afectiva, espiritual e incluso inter-humana, todo está al servicio de la verdad del ser. Es en este sentido que Heidegger responde a Jean Beaufret que
mientras la preocupación por la verdad del ser no se haya convertido en la
tarea primera del hombre, no se puede hablar todavía de ética, de filosofía
o incluso de humanismo. «*Poco tiempo después de la publicación de Sein und
Zeit, un joven amigo me preguntó: ¿Cuándo escribe usted una ética? (...) Antes
de intentar determinar más exactamente la relación entre la «ontología» y la
«ética», es necesario preguntarnos que son ellas mismas «la ontología» y «la ética». Se vuelve una necesidad pensar si lo que pueden designar estos dos términos
permanece de acuerdo y en contacto con lo que se ha dado al pensamiento que
tiene, como pensamiento, que pensar ante todo la verdad del ser*».[34]

---

30 *De otro modo que ser*, p. 204 [206].
31 *Carta sobre el humanismo*, p. 282.
32 *De otro modo que ser*, p 207 [210].
33 «*La <u>Esencia</u> del ser que se manifiesta en la verdad y la propia verdad de lo verdadero – el aparecer
de la <u>Esencia</u> –*»*De otro modo que ser*, p. 204 [206], en itálica en el texto.
34 *Carta sobre el humanismo*, p. *Lettre sur l'humanisme*, p. 114-115, no subrayado en el texto.

Heidegger analiza lo que se encontraba al origen del pensamiento antes del nacimiento de las ciencias, y él dice que los pensadores presocráticos intentaron reflexionar sobre lo que es propio al ser humano, lo que constituye la esencia misma del hombre: el llamado de la verdad del ser. La ética, la física, la lógica y las otras ciencias vinieron después, y, con ellas el olvido del ser. Esto no quiere decir, dice Heidegger, que su pensamiento haya sido ilógico o inmoral, sino que ellos habían entendido que había otra investigación fundamental y prioritaria por hacer antes de comprometerse en otra dirección. En este sentido Heidegger recuerda la anécdota de los extranjeros que visitan al filósofo Heráclito y que lo encuentran calentándose en un horno de panadero. Ellos que pensaban sorprenderlo extasiado en una meditación profunda lo encuentran realizando un gesto muy banal y cotidiano y se sienten defraudados. Heráclito se da cuenta de su decepción y los invita a entrar con la expresión: *«aquí también los dioses están presentes»*. Heidegger analiza esta expresión que, dice él, tal vez no fue entendida por los extranjeros, pero que manifiesta la preocupación de Heráclito por hacer de todo sitio un lugar (ethos) del pensamiento. *«Si por lo tanto, conforme al sentido fundamental de la palabra ethos, la palabra ética debe indicar que esta disciplina piensa la estancia del hombre, se puede decir que este pensamiento que piensa la verdad del Ser como elemento original del hombre en tanto que ek-sistente es ya por él mismo <u>la ética original</u>»*[35] Para Heidegger, la ética original es el pensamiento que piensa la verdad del ser, al igual que Heráclito que invita a los extranjeros a entrar, y que intenta hacerles entender que a partir de la banalidad de la vida, el hombre puede trascender y buscar con su pensamiento la verdad por excelencia que es la verdad del ser. El humanismo para Heidegger es una cuestión de pensamiento, o más bien de un pensamiento que piensa la verdad del ser.

Levinas, que no cita la anécdota de Heráclito, hubiera podido citar otra historia mucho más antigua que la del filósofo del ser, para hacernos entender lo que él entiende por la palabra humanismo. Se trata de la historia de Abraham: *«Yahvé se presentó a Abraham junto a los árboles de Mambré mientras estaba sentado a la entrada de su tienda de campaña, a la hora más calurosa del día. Abraham miró y vio que tres hombres estaban*

---

35 *Carta sobre el humanismo*, p. 118, no subrayado en el texto.

parados cerca de él. Inmediatamente corrió hacia ellos y se postró en tierra diciendo: «Señor mío, si me haces el favor, te ruego no pases a mi lado sin detenerte. Les haré traer un poco de agua para que se laven los pies y reposen, a la sombra de estos árboles. En seguida les serviré pan para que recuperen sus energías antes de proseguir su viaje; pues creo que para esto pasaron ustedes por mi casa.» (Génesis 18,1-5b).[36] Abraham recibe como Heráclito la visita de algunos extranjeros, y esta visita viene a modificar su comportamiento. ¿Qué hacía antes de que lo visitaran? ¿Descansaba? ¿Pensaba? ¿Tal vez incluso rezaba? El bienestar, el pensamiento e incluso la oración se detienen desde que el otro llega. He aquí lo que podemos entender por la palabra «humanismo». Para Levinas, <u>antes</u> de la verdad del ser está la verdad del Otro, del extranjero. Una verdad que no pide ser pensada sino servida, pero es paradójicamente por este olvido de sí en favor del otro que el sujeto se constituye. El sujeto no se absorbe en el Otro, al contrario, él se presenta tal como él es, él se vuelve irremplazable. No es <u>el pensamiento</u> de la verdad del ser que es originario y que constituye la esencia misma del hombre, sino <u>la bondad</u> como acogida del otro: *«El sentido del acercamiento es bondad —sin saber ni ceguera- más allá de la <u>esencia</u> (...) La intriga de la bondad y del Bien - fuera de la conciencia y de la esencia- es la intriga excepcional de la substitución que lo Dicho traiciona en sus verdades disimuladas, pero traduce ante nosotros.»*[37]

El *pensamiento* que piensa la verdad del Ser y la *bondad* que se pone al servicio de la verdad del Otro permiten un tipo particular de sujeto: el **pastor** según la perspectiva heideggeriana, y el **testigo** a partir de los análisis de Levinas. *«El hombre no es el maestro del ente. El hombre es el pastor del ser. En este «menos», el hombre no pierde nada, él gana, al contrario, llegando a la verdad del ser. Él gana la esencial pobreza del pastor cuya dignidad es la siguiente: Haber sido llamado por el Ser mismo para la custodia de su verdad»*[38] Heidegger habla de la dignidad del pastor, Levinas por su parte hablaría del olvido y de la anulación del pastor. Todo depende del papel que se le atribuye al pastor. En todo caso, hay que remarcar que, en la *Carta sobre el humanismo*, Heidegger no hace ninguna alusión a las ovejas. ¿Por qué? ¿Se trata acaso de un pastor sin

---

36 Pasaje evocado en «*Heidegger, Gagarine et nous*» *Difficile liberté*, pp. 323-327.
37 *De otro modo que ser*, p. 212 [215-216].
38 *Carta sobre el humanismo*, p. 101.

ovejas? El pastor se preocupa de un «ganado» que no le pertenece porque él no es el propietario, sino que le ha sido confiado. ¿Por quién? Nuestras interrogaciones sobre el ganado y sobre el propietario hacen ya parte de la preocupación por la verdad del Ser. Una preocupación que cada sujeto debe asumir personalmente, es decir convirtiéndose en pastor.

¿Levinas comprendió bien a Heidegger? Para Levinas la verdad onto-lógica, que él llama develamiento – y tal como él la entiende –, permane-ce exterior al hombre, es una verdad que no lo toca, que no lo afecta – ni lo traumatiza -. Decir la verdad del ser, según Levinas interpretando a Heidegger, es buscar recitar lo más fielmente posible una verdad que no me pertenece, que me es extranjera. El sujeto es comprendido entonces como aquél que sólo transmite significaciones independientes de él, pero que él no produce, ya que él no es el origen de estas significaciones. Él está como al servicio del lenguaje y por éste del Ser, por lo tanto, de la sin-cronía y de la representación. Es comunicar por el lenguaje la verdad de otro. *«La veracidad del sujeto no tendría otra significación que este borrarse de la presencia, que esta representación».*[39]

Para Heidegger, en cambio, decir la verdad del Ser es comprometer la esencia misma del hombre con la verdad del Ser que lo llama, y con la cual él establece una estrecha relación en donde el hombre pone en juego su esencia misma, su humanidad: ser el portavoz de la verdad del ser por el lenguaje. *«Antes de proferir una palabra, el hombre debe primero dejarse nuevamente revindicar por el Ser y prevenir por medio de este del peligro de no tener, bajo esta reivindicación, que poco o raramente algo que decir.»*[40]

Nos parece que Levinas tiene tendencia a reducir la verdad del Ser a una verdad de develamiento, y está a una verdad de representación, sobre lo cual el mismo Heidegger no estaría de acuerdo. En el pensamiento de Heidegger, la verdad del Ser es mucho más compleja que una verdad de tipo lógica o fenomenológica como lo piensa Levinas. Es una verdad que pide un compromiso completo por parte del investigador (pastor). Sin embargo, pensamos – en sintonía con Levinas – que anterior a la escucha

---

39 *De otro modo que ser*, p. 208 [211].

40 *Carta sobre el humanismo*, p. 74. A la palabra revindicar corresponde una nota del traductor : *«Ansprechen. El sentido primero de este verbo es : abordar a alguien, dirigirle la palabra (…) Para mantener a la vez la idea de palabra dirigida y de reivindicación, se podría traducir ansprechen por: re-clamar. El Ser aborda al hombre, él lo reclama, es decir en la palabra que le dirige lo revindica».* Op. cit., p. 74 nota 1.

de la verdad del ser por el pensamiento hay otra escucha prioritaria que desconcierta al sujeto, y que no es escuchada sino por otra dimensión de lo humano que es la bondad. Se trata de la escucha de la verdad del Otro. En esta escucha, el sujeto se encuentra solicitado y llamado de una manera aún más urgente todavía a convertirse en responsable del Otro, antes de querer ser el pastor del Ser. Se trata de la verdad de testimonio ante la extranjeridad del Otro.

4. CONCLUSIONES: HACÍA UNA ESCATOLOGÍA QUE INCLUYA Y PROMUEVA AL EXTRANJERO

En el prefacio de su libro más conocido *Totalidad e Infinito* (1961) Levinas aborda el tema del extranjero como de aquel que irrumpe en la conciencia del yo ocasionando un momento de decisión ética: Responderle o negarlo como rostro. Decisión ética que debe tomar la conciencia de cada ser humano y que Levinas llama la escatología de la paz. A la evidencia de la guerra y a la lucidez de la comprensión, que Levinas llama «la ontología de la guerra» él va a oponer «la escatología de la paz». ¿Qué es lo que esto quiere decir? Esto quiere decir que Levinas, sin dejar de analizar la realidad ella misma (no se trata de un escape, o de un proyecto para un más allá terrestre, o de una paz para el fin de la historia), va a buscar la experiencia –él dice también la relación- original que había antes de la aparición de la guerra y de la comprensión, y él llama a esta relación: la escatología de la paz. *«Es la relación con una <u>excedencia siempre exterior a la totalidad</u>, como si la totalidad objetiva no completara la verdadera medida del ser, como si otro concepto —el concepto de <u>infinito</u>- debiera expresar esta trascendencia con relación a la totalidad, no-englobable en una totalidad y tan original como ella.»*[41] ¿Qué es lo que Levinas entiende por **escatología**? Este término religioso[42] (que designa normalmente el fin último del hombre y del mun-

---

41 Emmanuel Levinas, *Totalidad e Infinito*, Ed. Sígueme, Salamanca, 1973, p. 49 [p. 7 en la edición francesa], en itálica en el texto.

42 *«Este regreso a la armonía, a la paz, esta visión escatológica de un mundo renovado en donde el lobo y el cordero, según la formula de Isaías, viven en buena inteligencia, he aquí lo que suscita y mantiene la esperanza mesiánica»* H. Durmey, *Phénoménologie et religion*, PUF, Paris 1958, p. 14, citado en *Encyclopédie philosophique universelle*, T I: «Eschatologie», p. 835. *«Maimónides en su formulación de los principios de la fe, incluía la creencia en un mundo a venir y en la venida del Mesías, e incluso si otros filósofos se opusieron a estos principios, estos fueron generalmente aceptados (…); el judaísmo reformado, que ha rechazado la creencia en un Mesías, ha adoptado una visión de un mundo evolucionando hacia una época última en la cual reinarán la justicia y la paz».* En

do, la idea del juicio y la venida del Mesías) es el nombre que Levinas da a la **conciencia moral** del sujeto. La escatología (conciencia moral) es una experiencia de relación, al interior de la totalidad, de un excedente que no hace parte de la totalidad, que es exterior a ella y que Levinas llama: la **idea del infinito**. «[El infinito] *Se refleja en el <u>interior</u> de la totalidad y de la historia, en el <u>interior</u> de la experiencia.*»[43] La experiencia de la idea del infinito no es un pensamiento, una evidencia o un delirio, por ella la conciencia moral sale de la totalidad sin caer por lo tanto en el vacío, es la experiencia de un infinito que ella no logra ver, dominar, hacer entrar en la totalidad. Frente a esta extraña experiencia, ¿cómo se manifiesta (reacciona) la conciencia moral? No mediante la visión sino por la palabra, ésta es significación sin contexto (sin medioambiente donde ella se encuentre), ella es ruptura de la totalidad y separación de la existencia anónima. Es por su palabra como respuesta al Infinito que el sujeto se coloca en la existencia y que su conciencia se encarna; nacimiento de la subjetividad: «*La paz se produce como esta aptitud para la palabra. La visión escatológica rompe la totalidad de las guerras y de los imperios en los que no se habla.*»[44]

¿Cuál es la relación entre la visión y la palabra en la escatología de la paz? La **visión** está ligada a la ontología y a la lucidez como comprensión de la totalidad. (Aquí podemos colocar la concepción clásica de la verdad que Levinas, más tarde, va a modificar y a poner del lado de la exterioridad, se tratará posteriormente de una «nueva visión»). La **palabra** está ligada a la ética como relación y como respuesta al Infinito (en relación con la justicia).

Levinas nos anuncia desde su prefacio que él nos va a presentar de otra manera estos dos actos de la vida humana; para esto, él va a tomarlos a partir de la experiencia original que se produce al interior de la totalidad: La idea del Infinito se manifiesta <u>primeramente</u> como una «visión» sin imagen (imposibilidad de verla, sin que por lo tanto ella se encuentre completamente en la oscuridad), y <u>enseguida</u> como «palabra» que nos invita a responderle. Antes que el sujeto no hable (responda), es necesario que él haya podido «ver algo». Ya que no se trata de la palabra dirigida *a*

Dictionnaire encyclopédique du judaïsme, Cerf, Paris 1993, ver «eschatologie», p. 360. Levinas se oponía a la idea de un Mesías por venir : «*Le messianisme (…) qui commence en moi*» «Un Dieu homme ?» en *Entre nous*, p. 71.
43 TI, p. 49 [7], en itálica en el texto.
44 TI, p. 49 [p. 8].

un ciego o *por* un ciego, sino de una palabra dirigida en una casi-oscuridad.[45] Levinas nos enseñará a «ver» de otra manera: «*La ética es una óptica. Pero la «visión» sin imagen, desprovista de las virtudes objetivantes sinópticas y totalizantes de la visión, relación o intencionalidad de tipo totalmente distinto y que este trabajo procura precisamente describir».*[46] ¿Qué o quién está a media oscuridad en la realidad y me obliga a responderle? Es aquí donde Levinas habla por vez primera en *Totalidad e infinito*, del «rostro del otro» como de aquél que del interior de la totalidad viene a romper con ella, a hacerle una grieta[47] que me permite al mismo tiempo salir hacia el exterior que me está llamando. Un hueco por donde evadirme de la totalidad que me asfixia. «*Se puede ascender a partir de la experiencia de la totalidad a una situación en la que la totalidad se quiebra, cuando esta situación condiciona la totalidad misma. Tal situación es el resplandor de la totalidad o de la trascendencia en el rostro del otro».*[48] La exterioridad del Infinito me habla al interior de la totalidad para hacerme salir, salida que nos significa abandono o renuncia del mundo (realidad), sino compromiso e instauración de la paz gracias a mi palabra, es decir a mi respuesta. La escatología de la paz se juega en cada momento histórico; aquí y ahora por mi respuesta ética: «*No es el juicio final el que importa, sino el juicio de todos los momentos en el tiempo en que se juzga a los vivos».*[49]

Para concluir nuestra reflexión podemos decir que la única manera que nos puede permitir crear una sociedad justa, fraterna e incluyente, es aceptado dar respuesta al llamado del extranjero, de aquel que es diferente de mí y que viene para sacarme del egoísmo y del encierro en mi propia Autosuficiencia. Camino de escucha en el que aún nos hace falta mucho por avanzar en nuestra sociedad.

---

45 Palabra dicha en una casi-oscuridad diferente de la de Cyrano de Bergerac, en el sentido de que en este drama, es Cyrano quien se esconde y que habla en la oscuridad a causa de su fealdad, para Levinas el otro no se esconde en la oscuridad, sino que se encuentra en el reflejo de una luz que no lo muestra pero que lo deja casi adivinar (es la idea del infinito). Remarcamos que Levinas no habla de casi-oscuridad sino de «*acontecimientos, esencialmente nocturnos*» TI, p. 53 [13].
46 *Totalidad e Infinito*, p. 50 [8].
47 La palabra utilizada por Levinas es *brisure* que significa romper o quebrar.
48 *Totalidad e Infinito*, pp.50-51 [9-10]
49 *Totalidad e infinito*, p. 49 [8].

FRANCISCO XAVIER SÁNCHEZ HERNÁNDEZ

Licenciado en Teología y Doctor Canónico en Filosofía por el Instituto Católico de Paris, y Doctor en Filosofía por la Universidad de Paris IV, La Sorbona. Ha publicado libros y artículos a nivel nacional e internacional. Sus últimas publicaciones son: *Si mismo como otro. Una introducción al pensamiento de Paul Ricoeur*, Ed. Castellanos, 2018. *Palabra de Dios palabra de vida*, Ed. Castellanos, 2019. Y *El taller de Dios*, Ed. San Pablo, 2019. Es miembro del Sistema Nacional de Investigadores, (SNI-I) y Vocal de la Asociación Filosófica de México (AFM). Actualmente es profesor e Investigador en el Tecnológico de Monterrey, Campus Puebla; Profesor en la Universidad Hebraica de México y Profesor en el Posgrado de Estudios Latinoamericanos de la UNAM. Fue presidente internacional de la Asociación Internacional de Estudios Médicos y Psicológicos de la Religión (AIEMPR) durante el periodo 2016-2019.

EL MIGRANTE, LOS ÚLTIMOS RESTOS DEL INCONSCIENTE

KARIM JBEILI

Cuando, en un vaso, se agrega agua al hielo, la temperatura del hielo comienza a subir y la temperatura del agua comienza a bajar. Luego, cuando el hielo se ha derretido, las dos temperaturas se juntan y no pasa nada. El vaso de agua ha alcanzado su máximo de homogeneidad. Los físicos consideran esta homogeneidad un desorden. No hay más diferencias de temperatura entre una parte y la otra del vidrio. La temperatura del agua es la misma en todas partes. Los físicos llaman a este desorden la entropía y luego dicen que el vaso de agua ha alcanzado su máximo de entropía. Todas las partículas del vaso de agua son iguales entre sí. Todo es homogéneo.

Cuando estoy al lado de un ser muy atractivo y no hay una sola célula de mi cuerpo que no se preocupe por él, le digo a la altura de la emoción: «Señora, con usted, mi entropía tiene alcanza su apogeo. En realidad, esta cumbre es una meseta porque ya no puedo cambiar nada. La entropía no puede cambiar, no puede volver atrás. El vaso de agua se ha vuelto inerte y mi emoción, a pesar de estar al máximo cerca del ser querido, tampoco puede moverse. El vaso de agua y yo somos prisioneros de nuestra condición de máximo desorden.

Cuando Heráclito dijo que en cada ser había una contradicción entre ser y no ser, es como si nos hubiera dicho que en cada ser había un orden, una oposición entre ser y el no ser, y que esta oposición era infranqueable y continuamente presente.

La entropía de Heráclito, a diferencia del vaso de agua o la seducción, nunca puede alcanzar su máximo. Siempre habrá una diferencia que introducirá una orden, una diferencia que evitará que la entropía alcance y se asiente en su junta.

Entonces, Parménides, sucesor de Heráclito, vino a decir: «Ser es y no ser no es». Esto significa que la contradicción no es indispensable para ser, como afirma Heráclito, y que el ser puede alcanzar sin problema su máxima entropía. En este caso, no hay contradicción en él. Se convierte en una

entidad de integridad y llena de sí misma. El ser es El ser es homogéneo consigo mismo. Y se opone a todo lo que no es él, y lo que no lo es, ya que él es el único que puede ser. Mientras haya agua y hielo, hay variaciones posibles. Mientras exista una contradicción interna como Heráclito nos la describe, hay variaciones posibles. Estas son las variaciones del principio de placer donde la tensión aumenta con la falta y desciende con el orgasmo.

Cuando solo hay agua en el vaso, como argumenta Parménides, no hay más contradicción dentro del ser porque el no-ser ha sido evacuado fuera de Para ser, estamos en el campo del disfrute. Hay más que una tensión sexual máxima que solo puede ser contrarrestada por el no ser, es decir, la muerte.

Vayamos ahora a Freud. En su primer tema, hay una oposición entre el inconsciente y la conciencia. En cuanto a Heráclito, esta contradicción está siempre presente y activa. Entre la conciencia y el inconsciente, una lucha permanente enérgica y sin tregua. La entropía que es el desorden nunca alcanza su máximo, disminuye constantemente por la exacerbación de la diferencia consciente inconsciente. Nunca puede alcanzar picos o mesetas donde todo sería homogéneo.

El segundo tema por otro lado hace desaparecer el inconsciente. La lucha ya no es interna. El paciente es víctima de un invasor, sexual o violento, a quien debe mantener su integridad. El inconsciente está fuera de aquí; él es el invasor que siembra la discordia y el conflicto para introducirlo al nivel de ser. El invasor, el trauma, es el retorno del conflicto que ha sido abolido por el advenimiento del ser que es.

Lo que Freud resalta después de la guerra 14-18 es el aspecto más espectacular del fenómeno, a saber, la oposición de la vida y la muerte. No comprendió la obligación parmenidiana de la homogeneidad de ser que se impuso en muy poco tiempo durante la guerra y cuyo resultado es la aparición del otro como un traumatismo fatal. Para que el enemigo principal esté afuera, muchas cosas deben haber sido empujadas hacia adentro. El trauma es un borrador del pasado.

Lacan empujará la lógica parmenídica hasta su final cuando decida que el inconsciente está estructurado como un lenguaje. Al tomar esta decisión, saca del campo del psicoanálisis el inconsciente religioso y el inconsciente cultural. Todo lo que pueda alterar la pureza de este inconsciente monolingüístico se elimina de sus preocupaciones. Primero las otras lenguas luego las costumbres religiosas y culturales. No quiero decir que no tolera otros idiomas, sino que esta técnica no promueve la mezcla de idiomas y mucho menos la mezcla de culturas.

Ya, como nuestro colega Edward Bizub de AIEMPR ha demostrado en su libro «Proust et le moi divisé», el inconsciente del primer tema es el resultado de la evacuación como irrelevante del inconsciente fisiológico del sentimiento.

El inconsciente lacaniano es el resultado de una represión adicional, la del inconsciente de las religiones y costumbres, el inconsciente antropológico.

Acabamos de pasar por los efectos de la homogeneidad parmenidiana en el nivel individual. Ahora veamos cómo funciona a nivel colectivo.

Europa en el siglo XIX estaba formada por imperios. Cada uno de estos imperios se basaba en la prevalencia de Dios, incluso el imperio colonial francés. Cada uno de ellos incluía un cierto número de pueblos unidos bajo la tutela divina. Estos pueblos se opusieron y se complementaron. La forma política del imperio logró mantenerlos unidos a través del concepto de Dios y el derecho divino. Pero el poder de Dios se debilitó a fines del siglo XIX. Ya no podía mantener a todas estas personas juntas. La Primera Guerra Mundial rompió todos estos imperios, incluidos los imperios coloniales.

Cada pueblo europeo se separó de otros pueblos para convertirse en una nación y cada nación se quedó sola dentro de sus fronteras nacionales. La contradicción interna que existía entre los pueblos dentro de los imperios ha desaparecido. En los estados nacionales había un solo pueblo, por lo que no había contradicción interna. No hay nada en las naciones sino contradicciones con el mundo exterior.

El estado nación ha prevalecido en todas partes de Europa. Pero no totalmente porque seguía habiendo un pueblo de europeos irreductibles que se negaron a nacionalizarse. No contentos con mantener vínculos entre ellos en toda Europa, como si las naciones no hubieran nacido, los judíos afirmaron estar más confundidos y asimilados con la población no judía.

Estos judíos pusieron en peligro el proyecto de aislamiento nacionalista de las diversas naciones europeas debido a esta obstinación que debe asimilarse mientras se mantienen vínculos entre ellos. A la larga, a fuerza de asimilación, ya no habrían sido visibles o reconocibles, manteniendo la ventaja de reconocerse mutuamente. Para aquellos que querían realizar el proyecto parmenidiano de estar solos con ellos mismos sin ninguna forma de extrañeza, esta situación solo podría inspirar paranoia.

Estos judíos, antiguos cementos de los imperios centrales, no pudieron sobrevivir al estallido de estos imperios. En muy poco tiempo se convirtieron en migrantes dentro de las naciones después de ser comunidades muy activas dentro de los imperios. Para alcanzar la máxima entropía en cada una de las naciones europeas, era imperativo exterminarlos o instarlos a abandonar, con el proyecto sionista, a una reserva que se creó expresamente para poder estacionarlos en las tierras de los árabes de Palestina. muy lejos de las tierras europeas. El proyecto sionista es la solución final real a los problemas que los judíos plantean a los nacionalistas parmenidianos.

Pero ¿qué es exactamente lo que quieren estos nacionalistas parmenidianos? Ellos buscan eliminar las religiones porque son fuentes de fanatismo, dicen. Ellos buscan eliminar la fricción entre los pueblos aislándolos unos de otros. Al destruir los imperios, mataron a dos pájaros de un tiro, eliminaron la religión del espacio político, el derecho divino, y aislaron a los pueblos entre sí para constituir naciones. Dentro de cada nación era necesario eliminar lo heterogéneo. Elimine al cristiano y sustitúyalo por los laicos, elimine a los judíos, ya sea en realidad o reemplazándolos por judíos, antiguos o futuros, ciudadanos de Israel.

La religión judía es así eliminada y reemplazada por el secularismo israelí sin la necesidad de eliminar a los judíos mismos.

Una nación es un pueblo que elimina sus partes heterogéneas para alcanzar su máxima entropía. Él no puede moverse. Ya no quiere estar activo, hacer la guerra, molestar a sus vecinos que son naciones como él. Es la dimensión sociológica, económica y política que definitivamente prevalece sobre la dimensión antropológica.

Todo se hace entonces para que el único motivo aparente del comportamiento humano sea económico o político. Estas dos dimensiones deben aparecer en toda su pureza sin ninguna perturbación proveniente de la antropología. Ya no tiene derecho de ciudad. Esta vieja expresión dice tan bellamente que la antropología ya no tiene derecho a entrar en la ciudad. Este proyecto de purificación es el proyecto capitalista por el cual las religiones y Las culturas son solo bochornos, obstáculos a sus conquistas económicas y políticas.

Han pasado setenta y cinco años desde que los pueblos europeos no se hicieron la guerra entre sí. Esto no les impide atacar a los demás, los no occidentales. ¿Llegaron al final de la historia como lo diagnosticó Fukuyama? Para comprender mejor el fenómeno, lo abordaremos a través de los conceptos de Ibn Khaldoun.

Para Ibn Khaldoun, el inventor de la sociología y la antropología en el siglo XIV, la historia es la de una lucha entre lo sedentario y lo nómada, entre la ciudad y el medio ambiente de la ciudad, entre las reglas. Nativos religiosos que prevalecen en el nómada y las reglas económicas y políticas que prevalecen en la ciudad. En definitiva, entre lo político antropológico y lo socioeconómico.

Lo que Ibn Khaldoun también nos dice es que esta lucha es cíclica. Cualquiera que sea la victoria de la sociopolítica sobre la antropología, esta victoria está limitada en el tiempo y necesariamente terminará. Las dinastías que gobiernan las ciudades, según Ibn Khaldoun, tienen una esperanza de vida de cuatro generaciones. Porque la primera generación es la que tomó el poder. El segundo, el que aprende a gobernar sin tener la experiencia de la conquista del poder. El tercero, aquello que se inspira en la tradición e imita sin comprender. El cuarto, finalmente, el que cree nacer para gobernar y no tiene aprecio por los que lo precedieron. Es de las manos de esta cuarta generación que el poder se escapará para ser conquistado por los nómadas que giran alrededor de la ciudad mientras esperan este momento, está vacante de clarividencia entre los líderes de la cuarta generación.

Los nómadas aquí encarnan las debilidades de los sedentarios. Este último ve en ellos sus deficiencias futuras que seguramente disfrutarán. Él ve en ellos su próxima muerte. Por eso se protege mucho y se rodea de muros. Luego vendrá un día cuando la cuarta generación en el poder, donde los nómadas invadirán la ciudad y tomarán el poder, convirtiéndose en la primera generación de la próxima dinastía. El nómada de hoy se convertirá en el sedentario de mañana. No hay diferencia de esencia entre uno y otro. El sedentario de hoy puede ser también el nómada del mañana.

No se deje engañar, el migrante no es necesariamente un extraño. Prueba de ello son los judíos de Europa, que se transformaron en migrantes hacia el otro lado o migrantes a Israel, no eran extranjeros en Europa. Tampoco los palestinos que se han transformado en migrantes son extranjeros en sus tierras. La ironía es que son migrantes reales que los convirtieron en migrantes.

Si es necesario definir al migrante, sería el que rompe la homogeneidad socioeconómica y política. El migrante es aquel cuyo modo de socialización es antropológico, el que aún no ha roto sus vínculos antropológicos para embarcarse en la gran aventura de la purificación socioeconómica capitalista. El migrante es el que aún no se ha homogeneizado.

No hay problema de los migrantes, hay un problema de homogeneidad. Este problema existe en todos los niveles de la sociedad, incluidas nuestras oficinas de psicoanalistas. En nuestro trabajo diario, contribuimos a la homogeneización capitalista al no criticar el inconsciente freudiano y lacaniano. Somos los instrumentos inconscientes de la homogeneización capitalista. Por el contrario, debemos defender la diversidad antropológica y permitir que aparezca explícitamente en nuestras oficinas y en nuestros sofás. Debemos criticar el inconsciente freudiano que evacuó el inconsciente fisiológico de la sensación y criticó el inconsciente lacaniano que evacuó el inconsciente antropológico de la religión y la diversidad cultural.

Este es el código de ética que me di muy temprano en mi carrera, a través del cual concebí una técnica y, cada vez más, una teoría que amplía nuestro campo de investigación al incluir las sensaciones del cuerpo. así como los hechos religiosos y culturales de mis pacientes. Llamé a esta técnica la escucha antropológica.

Acabamos de cruzar la cuestión de las migraciones a través de la termodinámica, la filosofía de Heráclito y Parménides, la sociología de Ibn Khaldun y, finalmente, las tópicas de Freud y las teorías de Lacan. ¿Cómo concluir este curso multidisciplinar?

Si quisiera ser amable, habría dicho que el problema principal se debe a una sobrevaloración de la homogeneidad. Pero, a decir verdad, preferiría decir que hay un gran truco para descubrir una regularidad, erigirla como un objeto de la ciencia y descartar cualquier cosa que pueda trastornar esa regularidad por irrelevante.

Es una mentira que uno se hace a sí mismo para darse la ilusión de la cientificidad. Pero la ciencia no se trata de seleccionar de la realidad solo lo que nos conviene.

La ciencia es más bien tener en cuenta toda la realidad, incluso las partes que no encajan con nuestros pronósticos.

KARIM JBEILI

Karim Richard Jbeili, psicoanalista y psicólogo. Nacido en Egipto, estudió en el Líbano y Francia. Lleva ejerciendo en Montreal desde 1976, tanto en hospitales como en la práctica privada. Es miembro fundador del *Cercle lacanien d'études freudiennes* (CLEF). Fue presidente de la Asociación Internacional de Estudios Médico-Psicológicos y Religiosos (AIEMPR). Ha publicado numerosos artículos en revistas de Canadá, Francia y el mundo árabe. Publicó *The Psyche of Orientals* en 2006, así como *The Fundamental Foundations of Western Culture* en 2018. Imparte la asignatura «Escucha antropológica» en el marco de los cursos de formación acreditados por la *Ordre des psychologues du Québec*.

MIGRACIÓN Y RELIGIOSIDAD POPULAR: ANCLAJE RELIGIOSO, REDEFINICIÓN DE IDENTIDADES Y REGIÓN DE REFUGIO DE DIGNIDAD HUMANA

RAMIRO ALFONSO GÓMEZ ARZAPALO DORANTES

Partimos de que la movilidad humana no es solamente movilidad física sino también simbólica, se migra con ideas, costumbres y religiosidad que se porta en la existencia misma. En este sentido, la religiosidad popular llega a ser un referente imprescindible de identidad para los migrantes en los nuevos contextos sociales donde se insertan. Así, las expresiones religiosas populares, más allá de su raíz religiosa, se yerguen como referentes de identidad y puntos de referencia de lo conocido y propio frente a la adversidad y hostilidad de un contexto social discriminatorio.

La evangelización en el mundo de los migrantes asume los complejos contextos socioculturales, económicos e identitarios que este sector vive en la actualidad en medio de políticas migratorias cada vez más severas e inhumanas que tienden a la disuasión mediante el miedo, la discriminación y la vulneración de derechos.

En medio de este ambiente de políticas públicas frente a la migración que marcan la diferencia e incitan a la discriminación y violencia, tenemos también una sociedad acostumbrada al paso de los migrantes que paulatinamente se ha desensibilizado de la tragedia humana implícita en estos movimientos migratorios.

Este aporte pretende coadyuvar a revalorar la dignidad de los migrantes en su calidad de personas, partiendo de su ser como Hijos de Dios, privilegiando estos «otros modos de ser» con el migrante, a contrapelo de la tendencia generalizada a la segregación, minusvaloración y menosprecio. En este proceso de dignificación de los migrantes, los cultos populares se han convertido en herramientas sociales eficaces no sólo para el consuelo de desplazados y migrantes, sino también, y de forma mucho más importante y protagónica, en efectivos y poderosos aliados de los procesos socio-culturales de reconfiguración de la identidad de los migrantes en los nuevos escenarios sociales de inserción durante su tránsito, o en la instalación definitiva en su punto de llegada final en el proceso migratorio.

Estos cultos populares, mediante sus diversos símbolos, acciones devocionales y recursos de socialización, se transforman en estos contextos en vehículos efectivos de comunicación social mediante los cuales se inicia un proceso de interacción de los migrantes con las comunidades católicas receptoras, lo cual ha dejado ver a los pastores que fortalece el ámbito de identidad en comunión, es decir, no uniforma, permite la distinción de identidades en un ambiente amigable de convivencia y reconocimiento mutuo.

Este problema de la migración es sumamente complejo y se vislumbra vaya en aumento a la par de las iniciativas represoras de contención, la polarización social que favorecen y la violencia implícita en su aplicación.

En este contexto adverso, estas posibilidades de las expresiones religiosas en contextos migratorios definitivamente promueven una verdadera *Sacralidad en Movimiento* que, rebasando los límites de la mera piedad devocional, se convierten en un verdadero refugio social para la identidad, para los procesos de inserción y para proteger la dignidad humana en el difícil tránsito hacia un nuevo piso existencial.

LA RELIGIOSIDAD POPULAR COMO PECULIAR UNIÓN DE LO MATERIAL Y LO ESPIRITUAL

Entendemos la religiosidad popular como una expresión religiosa individual practicada en un contexto social con historia, pretensiones, expectativas y cosmovisión semejantes. Dicha expresión religiosa reafirma una experiencia cotidiana y vital, por lo que se configura como una vivencia religiosa de marcada preocupación temporal y material.

Así pues, la religiosidad popular implica un *conjunto de experiencias, actitudes y comportamientos simbólicos que confirman la existencia de lo religioso en la cotidianidad de los sujetos en una actitud íntimamente relacionada con el contexto sociocultural inmediato.*[50]

---

50 Cohen, Elisa (2012), «Una sintaxis del más allá: transgresión y religiosidad popular judía en un caso argentino», en: *Cuadernos Judaicos*, no. 29, Universidad de Chile, Facultad de Filosofía y Humanidades, diciembre de 2012, pp. 84-103/ p. 87.

La religiosidad popular, entonces, es totalmente permeable y se da en contextos sociales de diversidad y fecundidad de matrices culturales. Es hibridación cultural, proceso intencional de mezcla de dos o más lenguajes sociales, mundos simbólicos, estructuras lógicas, anudadas en el sujeto religioso que posibilita la vivencia concreta de esa particular expresión religiosa. En ella, el sentimiento desplaza a la razón, las prioridades de este mundo desbancan a las del otro mundo, por lo que la trascendencia se inmanentiza, porque la urgencia es aquí y ahora, en límites existenciales donde la psique no es capaz de manejar la negativa.

En la dinámica de la religiosidad popular, lo material, lo espiritual y lo divino «integran un *continuum* que posibilita experimentar en la tierra una fuerza mayor que las fuerzas terrenas».[51] En este sentido los cultos religiosos populares son una reacción del sujeto que, al no verse contenido en los marcos de la oficialidad, se rebela y reacciona encarando otras posibilidades de relación con lo sagrado.

En suma, la religiosidad popular es una propuesta activa desde la marginalidad, con aceptación solapada desde la centralidad institucional. Es negociación, hasta llegar a una vida ritual que satisfaga las expectativas del creyente pero que también cuente con la aceptación (o al menos tolerancia) de las autoridades religiosas oficiales: «la puja y el conflicto por el predominio de unos universos simbólicos sobre otros se traduce tanto en instancias de impugnación y resistencia como en procesos de yuxtaposición, síntesis y sincretismo».[52]

Al tratar acerca de la religión popular no podemos dejar de hacer una apología de la materialidad como base de partida de toda experiencia humana. La necesidad es la impronta de nuestra ontología. Nuestra subjetividad es una subjetividad frágil: de polvo y cenizas, como dijera Sylvana Rabinovich.[53] La dureza de la realidad material se impone al espíritu, que, para ser humano, es necesariamente encarnado. Así, heridos por la necesidad, carentes permanentemente de una seguridad real y duradera

---

51 Semán, Pablo (2006), *Bajo continuo. Exploraciones descentradas de la cultura popular y masiva*, Buenos Aires, Ed. Gorla, p. 42.
52 Amegeiras, A. (2006), «Religiosidad popular y MERCOSUR: fecundidad y pluralidad de lo religioso en el cono Sur de América Latina», en: Scannone, J. C., García Delgado, D, *Ética, desarrollo y región. Hacia un regionalismo integral*, Buenos Aires, Argentina, pp. 375-385. / p. 377.
53 Rabinovich, Silvana (2002), «Espiritualidad de polvo y cenizas», en : Shulamit Goldsmit (Coord.), *Memorias del 1° y 2° coloquios internacionales de Humanismo en el Pensamiento Judío*, Universidad Iberoamericana, México, pp. 48-63.

en este mundo hostil y rudo, la relación con lo sagrado no puede ignorar esta huella de realidad presente en nuestro ser humano.

En este sentido, Rostas y Droogers señalan que en la religiosidad popular se negocian las redefiniciones y reinterpretaciones del sentido práctico de la religión:

Los usuarios de religiones (populares) están poco preocupados por el origen de sus creencias y prácticas y sí en cambio, por la eficacia de su versión de la religión. Ellos se apropian de símbolos y los aplican o los reinterpretan en situaciones particulares con el fin de ayudarse a sí mismos (a resolver sus situaciones financieras o a curarse de alguna enfermedad). Los usuarios de la religión popular no tienen escrúpulos acerca de mezclar e incorporar elementos a fin de satisfacer sus necesidades, independientemente de que ellas sean espirituales o materiales.[54]

RELIGIOSIDAD POPULAR, MOVILIDAD HUMANA, CONSOLIDACIÓN Y TRANSFORMACIÓN DE LA IDENTIDAD SOCIAL

Olga Odgers-Ortiz, investigadora de El Colegio de la Frontera Norte y directora de la revista Migraciones Internacionales, acuña el término de *catolicismo a la mexicana* para referirse al modo peculiar de preservación de las expresiones religiosas populares de los migrantes en Estados Unidos, como parte de un intento social de redefinición de la identidad insertos ya en el nuevo contexto social al cual pretenden integrarse. Como bien señala esta autora.[55] El debate sobre la integración de los inmigrantes a las sociedades receptoras pasa inevitablemente, de manera implícita o explícita, por la cuestión del proceso de redefinición de identidades, pues el «problema de la «integración» implica la discusión sobre el lugar que se otorgará –o se negará- a la diferencia cultural en el espacio público. En el caso de los mexicanos que emigran a los Estados Unidos, la referencia a lo religioso constituye un importante eje en torno al cual las identidades individuales y colectivas se redefinen.[56]

---

54 Rostas, Susanna; Droogers, André (1995), «El uso popular de la religión popular en América Latina: una introducción», en: *Revista Alteridades*, México, UAM-Iztapalapa, vol. 5, num. 9, pp. 81-91. / p. 87.

55 Siguiendo a Wieviorka, Michel y Ohana, Jocelyne, (2001), La différence culturelle. Une reformulation des débats, Paris, Ed. Balland ; Kymlicka, Will. (1995), Multicultural Citizenship, Oxford, Calendon Press; Touraine, Alain. (1997), Pourrons-nous vivre ensemble, Égaux et différents, Paris, Fayard.

56 Olga Odgers-Ortiz (2002). «Migración, identidad y religión: aproximaciones al estudio del

En particular, ciertas prácticas de la religiosidad popular adquieren un nuevo carácter al ser reutilizadas como mecanismos de redefinición de las identidades, tanto en los Estados Unidos como en las comunidades de origen. Por otra parte, las parroquias católicas «hispanas» ofrecen a los migrantes recién llegados un espacio en el que su lengua y sus tradiciones –o al menos algunas de ellas- no son estigmatizadas, sino que, por el contrario, se les valora y recrea en ese estilo del ya antes mencionado «catolicismo a la mexicana».

Esta forma particular de religiosidad popular –en donde el culto a la Virgen de Guadalupe y a los Santos patronos de las comunidades de origen ocupan un importante lugar- tiene la particularidad de permitir que el individuo participe, por una parte, en una práctica reconocida y aceptada en la sociedad de destino –debido a la importancia que la tradición católica tiene dentro de los Estados Unidos– permitiendo simultáneamente que se reivindiquen diversos elementos centrales de las identidades particulares, e incluso locales.

De esta forma, en el catolicismo a la mexicana puede transformarse el sentido que los individuos atribuyen a algunas de las prácticas religiosas tradicionales y se convierte en una especie de «trinchera identitaria», llegando a otorgar un valor incluso mayor a la reivindicación identitaria que al sentido religioso en sí mismo.

DESAFÍOS PASTORALES PARA LA MISIÓN DE LA IGLESIA FRENTE A LA MIGRACIÓN

La Migración es un hecho social que favorece el contacto con nuevos horizontes de sentido, los cuales desafían al individuo inserto en un nuevo contexto social. De acuerdo con Mauricio Burbano, «en este encuentro con la alteridad, la respuesta va de una gama de total adhesión a lo diferente hasta posturas defensivas en las cuales el nuevo contexto religioso es visto como amenaza. En medio de estos extremos se encuentran respuestas que tienden puentes entre la propia tradición y lo nuevo. Tal es el caso de las manifestaciones religiosas».[57]

---

papel de la práctica religiosa en la redefinición identitaria de los migrantes mexicanos», en: Amérique latine Histoire et Mémoire, Les Cahiers ALHIM, 7. [En línea: http://journals.openedition. org/alhim/447].

57 Mauricio Burbano Alarcón, S.J., *Migración y religión: desafíos para la Iglesia*, Pensar- Revista Electrónica da FAJE, vol. 1, no. 1, 2010, 45-61; p. 45.

En este sentido, la Religiosidad Popular se vuelve un espacio privilegiado de intermediación ente lo propio y lo ajeno que permite por un lado la identificación del sujeto religioso, y por otro, la confrontación no violenta con los ajenos en un ámbito de curiosidad e interés.

Es importante considerar que la vivencia religiosa de los migrantes, aunque permita el nexo con el lugar de origen, necesariamente se ve afectada en su estructura operativa, pues tanto el liderazgo, como los rituales, redes sociales, mundos simbólicos, espacios de significación social, etc. han cambiado y los migrantes confrontan el desafío de adaptarse y recrear en medio de la nueva situación vital. Pero estos desafíos, más que aniquilantes de las expresiones religiosas de origen, se ven –en un sentido positivo- como posibilidades de creación de nuevos espacios sagrados y nuevas formas de expresión de la fe.

Así pues, es evidente que los migrantes llevan su religiosidad a su nueva realidad, recreando sus manifestaciones religiosas en nuevos espacios sociales, por ello, las expresiones populares son la base de este proceso, pues son lo más sentido y adherido a los protagonistas de estas maniobras de reformulación religiosa y social.

El documento de Aparecida recalca la idea de que la migración es una realidad compleja en la que se conjuga la cultura urbana, caracterizada por su configuración híbrida y permeable, muy dinámica y cambiante, con la cultura suburbana fruto en buena medida de poblaciones migrantes, en condiciones sociales de desigualdad, asimetría de oportunidades y en muchos casos en extrema pobreza.[58]

Y a partir de esto más adelante puntualiza la necesidad de profundizar en la temática ya que se presenta un insuficiente acompañamiento pastoral para los migrantes.[59]

Merece mención aparte el conjunto de documentos en derredor del Sínodo especial para la región Pan amazónica celebrado en octubre de 2019 y que culminaría con la Exhortación apostólica Postsinodal «Querida Amazonía» a inicios del 2020. El Documento conclusivo del sínodo «Amazonía: nuevos caminos para la Iglesia y para una ecología integral» del 26 de octubre 2019, en el segundo capítulo, destaca la conversión pastoral que deberá necesariamente ser en diálogo, pues la actividad misionera

---

58 *Cfr*. Aparecida, números: 58 y 59.
59 *Ibidem*, num. 100.

de la Iglesia en esa región va dirigida a diversos grupos indígenas, afrodescendientes, migrantes, habitantes rurales y habitantes de grandes centros urbanos. Se caracteriza pues esta conversión pastoral por la llamada a ser una Iglesia en salida misionera, «samaritana» actuando en misericordia y de forma solidaria, en diálogo ecuménico, interreligioso y cultural. Se enfatiza también la preponderancia que la pastoral urbana habrá de tener en esta región, una pastoral urbana de la mano con la pastoral migrante, pues estos grandes centros urbanos son el destino de muchísimos migrantes que buscan mejores condiciones materiales de existencia.

LOS SANTOS PATRONOS (OFICIALES Y NO) DE LOS MIGRANTES MEXICANOS A ESTADOS UNIDOS: EL ANHELO DE COBIJO MATERIAL Y ESPIRITUAL EN LA INTEMPERIE DE LA CRUDA REALIDAD

En medio de la dureza de una vida cotidiana en la que la miseria se hace costumbre, surge la imperiosa necesidad de ser distinguido excepcionalmente por lo sagrado. Es esa excepción la que «saca» de la masa informe de un anonimato habitual en las desdichas y amarguras que se entretejen con nudos cada vez más cerrados.

Estos cultos populares nos hablan de sectores sociales marginales que precisamente desde el margen proponen sus propios modelos de vidas ejemplares, que —lejos de ser paradigmas morales— exaltan las virtudes de una vida en lucha constante por sobrevivir desde una posición poco privilegiada socioeconómicamente hablando, enfrentando la crudeza de la realidad con escasas fuentes de apoyo más allá de las redes de solidaridad y reciprocidad que horizontalmente se entretejen en la intimidad del pueblo, barrio o colonia, o dado el caso de la migración, el grupo que se desplaza y lucha por colocarse en una nueva situación social en tierra extraña. Es por eso que —desde esa intimidad— estos «santos» son leídos desde las coordenadas culturales locales, en un simbolismo entendible sólo desde esa perspectiva que le da origen y sustento; así, podríamos decir que revelan una lógica cultural interna que —en muchos casos— está fuera de toda lógica para la institución eclesiástica universal.

La *relación excepcional* que mencionábamos líneas arriba es una necesidad psicológica innegable. A nivel horizontal, las relaciones afectivas proveen de esa excepcionalidad que hace brotar el rostro —distinto, diferenciado y único- por el que se da la singularidad. Cuando esa excepcionalidad se lleva al campo vertical: lo sagrado que me toca en mi mundanidad, tenemos entonces un elemento de legitimidad en la forma de vida asumida, la labor realizada, la opción tomada en la existencia particular. Es importante tener esto en cuenta para entender estos fenómenos religiosos marginales, pues en la valoración popular de estos personajes no se toma en cuenta la totalidad de la vida del ente venerado, sino ciertas características, actitudes o respuestas concretas de vida que son ampliamente significativas para un grupo de personas que pasa —cotidiana o momentáneamente— por una situación existencial similar a la de aquél y que lleva al devoto a identificarse con el santo, ya sea oficial o canonizado popularmente, al encontrar un reflejo de su situación vital.

Habiendo considerado lo anterior, tómese en cuenta que la distinción que la religión oficial hace entre este mundo y el otro, implica la separación del ámbito humano y el divino, donde la divinidad se acerca a la realidad humana, pero el fin último se concibe fuera de esta realidad. Es una visión de la trascendencia donde los ámbitos de lo humano (terrenal, perecedero, inmanente) están muy bien diferenciados de lo divino (celestial, eterno, trascendente). En base a lo observado en los cultos populares con enfoque etnográfico, esta distinción de los ámbitos humano y divino no opera, de hecho, no existen en sí esos ámbitos, sino que se trata de una sola realidad, ésta, la que conocemos y en la que nos movemos, donde cohabitan el hombre, la naturaleza y los entes divinos, en una interrelación que integra a las partes en un destino común.

EL TIRADITO, TUCSON, ARIZONA

El Tiradito es una imagen venerada en Tucson, Arizona, desde 1870. Es especialmente buscada por los indocumentados mexicanos que cruzan la frontera hacia Estados Unidos.

Los devotos le piden favores para arreglar sus papeles migratorios, conseguir su residencia en Estados Unidos, conseguir permisos de trabajo o simplemente para cruzar sanos y salvos el desierto que va de Sonora a Tucson. Este culto hace referencia a un joven que cruzó la frontera en 1870 y perdió la vida: Juan Olivares, que es el nombre de *El Tiradito*. Esta persona se dice que entró a trabajar en una hacienda de la región y tuvo la mala suerte de enamorarse de la mujer del hacendado, quien al descubrir la traición lo asesina a hachazos y tira su cuerpo entrecortado en alguna zanja a las afueras de la ciudad.

La gente del pueblo que lo encontró lo sepulta en ese mismo lugar donde fue tirado y un tiempo después empiezan a adjudicarle milagros, por lo que deciden levantar una pequeña capilla en su honor, casi una urna, y lo empiezan a venerar. Lo nombraron el santo de los indocumentados y los activistas solidarios, tanto mexicanos como estadounidenses, se reúnen ahí un jueves al mes para rezar por los migrantes y denunciar distintas violaciones a sus derechos humanos. La gente le pide al Tiradito para que los polleros no les roben su dinero, para arreglar su residencia en Estados Unidos o rogar por aquellos que van a cruzar el desierto. Los migrantes cuando pasan por Tucson buscan la Capilla de los Deseos donde está El Tiradito para pedirle trabajo en Estados Unidos y para que la «migra» no los capture.

JUAN SOLDADO

Este es el nombre con el que se conoce a un soldado mexicano sumamente controvertido, pues fue ejecutado acusado de la violación y asesinato de una niña. El nombre real de Juan Soldado era Juan Castillo Morales y el crimen en cuestión ocurrió el 17 de febrero de 1938. La niña violada y asesinada era Olga Camacho Martínez y Juan Soldado fue encontrado culpable, sentenciado y ejecutado por dicho crimen. Sus actuales seguidores sostienen que fue falsamente acusado y encuentran en él refugio para aquellos que están injustamente en prisión, que son acusados siendo inocentes o bien, los migrantes que están presos en los Estados Unidos. Recientemente ha adquirido mucho renombre entre los migrantes, asociándose al culto de «El Tiradito», para pedirle por un buen desenlace de las peripecias del camino entre el abandono de la tierra natal y la instalación en el lugar final de migración. En el Noroccidente de México y Sudoeste de los Estados Unidos encuentra su mayor centro de devoción. Se ha convertido en un ícono de aquellos que se consideran completamente desprovistos de todo derecho frente a las instancias gubernamentales, por eso actualmente es considerado como patrón de los indocumentados. Prácticamente se le considera una especie de mártir, pues al sostener que fue acusado y ejecutado injustamente, su muerte se carga de un profundo significado para aquellos que se encuentran o se dirigen a contextos sociales donde sus derechos no son plenamente reconocidos ni respetados.

Es importante destacar la profunda controversia sobre este asunto, pues en Tijuana, donde ocurrieron los hechos y donde se enterró tanto a Juan Soldado como a la niña Olga Camacho, hay aún familiares de esta última y sostienen que el crimen fue efectivamente perpetrado por este personaje.

De hecho, a la tumba de la niña Olga se le conoce localmente como la «tumba olvidada», en contraposición al tumulto en derredor de la de Juan Soldado. Me parece en el sentido de la reflexión propuesta en este artículo, destacar el papel simbólico del personaje («deshistorizado») en relación con las necesidades materiales de quienes se refugian en este culto en una interpretación que se reelabora continuamente sin necesidad de que para ello se apegue a los hechos reales.

JESÚS MALVERDE

Su nombre real fue –según algunos- Jesús Montenegro Villareal, otros sostienen que su verdadero nombre era Jesús Juárez Mazo, nacido el 24 de diciembre de 1870, y que «Malverde» era un apodo derivado de «el Mal Verde», dado que realizaba sus asaltos entre la espesura verde del monte. Por otra parte, a finales de 2004, según Gilberto López Alanís, director del Archivo Histórico de Sinaloa, se encontró en los archivos del Registro Civil de Culiacán un acta de nacimiento de 1888 de un niño llamado Jesús Malverde, hijo de Guadalupe Malverde.

En todo caso se dice que fue bandido y salteador de caminos en Sinaloa, México. Se ubica su origen en los Altos de Sinaloa en la primera década del s. XX. Finalmente fue ejecutado y a partir de allí se le toma como un personaje de orden sagrado. Su culto pronto desbordó el estado de Sinaloa y se propagó por toda la zona norte de México y sur de Estados Unidos. Se le atribuyen los títulos de «Bandido generoso» y de «Ángel de los pobres», como una especie de *Robin Hood* que robaba a los ricos para ayudar a los pobres. En todo caso, su actuación se ubicó siempre al margen de la ley y lo institucional. Hoy ha cobrado una gran presencia entre los narcotraficantes y se le conoce como el «Santo de los Narcos», a la par del santo protector de los migrantes que se van «al otro lado» para trabajar.

Tras su ejecución, se prohibió la inhumación de los restos, quedando éstos a la intemperie y pendiendo de un árbol a manera de escarmiento, según unas versiones, porque según otras fue su cabeza la que se cortó y colocó en un árbol, a la vista de todos, como advertencia a sus partidarios. Con el tiempo, los restos finalmente cayeron al suelo y los habitantes de Culiacán comenzaron a arrojar piedras para proteger el cuerpo, pues recordemos la restricción del entierro.

En la actualidad continúa la tradición de llevarle, además de flores o veladoras, piedras del lugar de origen de los devotos, como forma de rendir culto. Con la expansión de la ciudad de Culiacán, los huesos de Malverde fueron trasladados a una capilla que atrae a miles de devotos cada año.

Muchos dejan velas u otros objetos asociados con sus vidas, como pescadores que dejan camarones en alcohol en agradecimiento por una buena pesca. Otras personas dejan fotografías de aquellos seres queridos que necesitan ayuda. Cuando algún milagro tiene lugar, vuelven a agradecerlo a Malverde, a menudo dejando placas que lo conmemoran.

A Malverde, al igual que a cualquier otro santo de influencia católica, se le atribuye especialización en el tipo de milagros que puede realizar, hoy por hoy, la más conocida, por controvertida, es la protección de las personas dedicadas a la producción o tráfico de drogas; sin embargo, no es la única. Tradicionalmente, sus devotos le atribuyen la protección de los migrantes que cruzan ilegalmente a Estados Unidos, función que comparte con Juan Soldado. Existen en las rutas más frecuentes de cruce de la frontera santuarios donde se encuentran figuras de Malverde.

Se le atribuye, asimismo, la protección de los pobres al enfrentar causas penales, por lo que en muchas zonas del país se le relaciona con San Judas Tadeo, patrono de las causas perdidas.

BEATO JUAN BAUTISTA SCALABRINI

Beatificado por el papa San Juan Pablo II en 1997, Juan Bautista Scalabrini, también conocido como «el padre de los migrantes», es el fundador de la congregación de los Misioneros de San Carlos, o mejor conocidos como los Scalabrinianos, cuyo carisma es la atención integral de los migrantes, también fue cofundador de las Hermanas Apóstoles del Sagrado Corazón.

Juan Bautista Scalabrini nació en 1839 y murió en 1905, fue obispo de Piascenza, y ya beatificado su celebración es el 1° de junio.

En su trabajo pastoral a favor de los migrantes tuvo gran tacto humano para este sector tan desprotegido y orillado a esta decisión por presiones económicas y políticas, por ello se identifica como un personaje que conoce las penurias del migrante, las desilusiones, dolor indecible por las rupturas radicales a las que se ven obligados, pero también la esperanza viva que los mueve a continuar y buscar.

Los migrantes actuales lo ven con mucha empatía, lo consideran un protector en el camino, y también se refuerza su devoción por el apoyo material real recibido en su travesía en los centros de atención de los misioneros y misioneras scalabrinianos que desarrollan su trabajo pastoral contemporáneo con ellos.

SANTO TORIBIO ROMO

Fue sacerdote, nacido en 1900 en Jalostotitlán, Jalisco. Vivió la persecución religiosa desatada en México en el período postrevolucionario con el presidente Calles, fue ejecutado por soldados federales en 1928. El papa Juan Pablo II lo canonizó el 21 de mayo del 2000. Dada la gran cantidad de migrantes de la zona de los Altos de Jalisco que continuamente van y vienen a los Estados Unidos, y al ser también reconocido como propio, como un vecino de la región, la identificación con este santo es muy fuerte en la devoción popular que ve en él un protector que comprende la particularidad de las dificultades que viven como migrantes. Por ello se le ha llamado el «Santo Pollero».

Su devoción ha ido en aumento no solamente en Jalisco, sino también en la frontera y en otras localidades del Occidente y Bajío mexicanos que también tienen marcada actividad migratoria. En Santa Ana de Guadalupe, municipio de Jalostotitlán (Jalisco) lugar de su nacimiento, fue edificado y consagrado el santuario de Santo Toribio, en el cual se encuentran los restos en una urna de bronce. Además, en la Ciudad de Jalostotitlán, cabecera municipal de su lugar de nacimiento, se construyó un templo a principios de los años 2000 con ocasión de su canonización, allí se encuentran parte de sus restos en una urna hecha de madera incrustada o taraceada, que es artesanía propia del Municipio. En la ciudad de Mexicali existe un altar dedicado a este santo en el parque municipal de Mexicali junto a la línea internacional, a un costado de la Casa de la

Cultura. También en la ciudad de Purísima del Rincón, Guanajuato, se encuentra otro altar muy importante en su honor este fue el tercer templo dedicado en su honor en la República mexicana por esto cuenta con algunas de las reliquias del Mártir mexicano. Otro altar importante se ubica en el rancho llamado «Agua Caliente» a 10 minutos de Tequila, Jalisco, lugar donde fue ejecutado. En este sitio, a un costado del templo, se encuentra la casa donde vivió Santo Toribio y fue apresado por las tropas federales. En la pequeña casa de adobe se encuentran varias de sus pertenencias que utilizó durante su última etapa como refugiado, buscando protegerse de las tropas federales. Mensualmente el domingo más cercano al día 25 se celebran misas en su honor en el Santuario, mientras el triduo que recuerda su martirio es celebrado del 23 al 25 de febrero.

EXVOTOS DE MIGRANTES: LOS MILAGROS EN EL CAMINO... (Y EN EL FONDO DEL ABISMO, ESTABA DIOS)

El contexto general donde ubicar estas expresiones plásticas de devoción popular es la desgracia humana, no fortuita, sino constante y cotidiana. Es decir, nuestra existencia es limitada, llena de afanoso trabajo, penalidades, una que otra recompensa fugaz y más trabajo. La vida humana es dura, se desarrolla en medio de una rudeza cruda y despiadada. La frase: «Dios perdona, pero el tiempo no» nos deja ver esa sabiduría popular de conciencia de un «algo» que está más allá de las voluntades. Luces y sobras se entreveran, la dicha y el sufrimiento se abonan y crecen a la par, no hay garantías ni recetas infalibles para prolongar la bienaventuranza y alejar la desgracia, una y otra nos esperan a la vuelta de la esquina y sobra decir que tal vez más frecuentemente sea la desdicha la que nos asalta en el camino de la vida. Esta realidad antropológica es la que subyace en la creación misma de estos exvotos, por ello tienen sentido, y también por ello causan fascinación, porque en su vasta pluralidad de temas y vivencias, el espectador tarde o temprano se verá reflejado en alguna de esas situaciones.

Estos retablos o exvotos son testimonios de la historia conjunta de seres humanos concretos -con nombre, fecha y lugar- que han considerado que su vida fue distinguida por el toque sacro en su migración y los avatares padecidos en el tránsito. La interpretación del suceso milagroso no se pone a discusión ni verificación de nadie, se hace público por agradecimiento al favor recibido, el cual es incuestionablemente aceptado por el favorecido a pesar de las discrepancias de los agentes eclesiásticos oficiales. Entender estos retablos en toda su dimensión social, implica comprenderlos no sólo desde su materialidad, sino desde el mundo simbólico del que forman parte aquellos que los ofrendan.

DR. RAMIRO ALFONSO GÓMEZ ARZAPALO DORANTES

Licenciado en Filosofía por la Universidad Intercontinental y en Ciencias Religiosas por la Universidad La Salle. Maestro y Doctor en Historia y Etnohistoria por la Escuela Nacional de Antropología e Historia. Profesor-investigador en la UIC, en las licenciaturas en Filosofía y Teología. También docente de la Maestría en Pastoral Urbana de la Universidad Católica *Lumen Gentium* y del Diplomado de Religiones del Mundo del ITAM. Miembro del Sistema Nacional de Investigadores, de la Asociación Filosófica Mexicana, del Colegio de Estudios Guadalupanos. Actualmente director del Observatorio Intercontinental de la Religiosidad Popular, director académico de la revista Intersticios de la escuela de filosofía de la UIC y coordinador de investigación del Instituto Intercontinental de Misionología de la UIC.

الله
COMO MIGRANTE EN EL ESPACIO CUÁNTICO, MÍSTICO Y EN EL CORAZÓN©

*La migración no es un placer, sino una necesidad
ineludible y entonces es un derecho.*
Beato Juan Bautista Scalabrini

بِسْمِ ٱللَّهِ ٱلرَّحْمَٰنِ ٱلرَّحِيمِ [60]

La razón para tatuar estás palabras en el papel, tiene como objetivo reflexionar sobre el migrante y el refugiado dentro del contexto de la creación, llamado *la casa común*, pero la casa común, más allá de la Creación, es el espacio, el cuerpo y sobre todo el corazón, porque como menciona el Inyil[61] no importa *lo que entra a tu boca sino lo que sale del corazón*, porque este órgano es el espejo interior de la persona, por ello, en la antigüedad, particularmente en la mística de los pueblos semitas, el corazón era y es el hogar del entendimiento, acto que se ha comprobado muchos años después al descubrirse las neuronas del corazón.

Cuando se es investigador, es muy fácil hablar y desarrollar conceptos teológicos, antropológicos y filosóficos sobre el migrante y el refugiado, pero esas palabras expulsadas en los discursos, en muchas ocasiones se convierten en ese البحر الأحمر *El Bahr El Ahmar* o ים סוף *Yam Suff*[62] que devora a los egipcios.

En México, el pueblo se indigna ante el trato al migrante en Estados Unidos, y se realizan protestas contra un muro, mientras en el sur, se asesina a cientos de centroamericanos. Estados Unidos rechaza al migrante y pisotea su propia historia al olvidar que se construyó a partir de la migración; en Europa se rechaza a los refugiados, personas inocentes quienes han sido

---

60 *bismi-llāhi r-raḥmāni r-raḥīm*, «En el nombre de D/os, el Clemente, el Misericordioso.
61 El evangelio.
62 Mar rojo.

expulsados de sus tierras por políticas internacionales para apoderarse de su riqueza natural, olvidando el recibimiento que diversos gobiernos de África otorgaron a todos los refugiados que huían de las dos Grandes Guerras.

Por otra parte, el Hombre ha desarrollado religiones, a través de la manipulación de las palabras de los Profetas y de los Libros Sagrados, provocando separación, juicios a partir de una doctrina, también se han construido clases sociales, se han nombrado países como de *primer mundo*, *tercer mundo*, y desde su altura se dirigen al otro, creyéndose poseedores de la verdad. Es de esta manera como la humanidad vive en sociedades llenas de creeencias y religiosidad, pero alejadas de D/os, no sólo porque ha dejado de escuchar su Silencio, el cual es el lenguaje divino y de compartir el mundo, sino porque principalmente decidió que el propio hombre debe elegir lo que es conveniente para el otro sin tomar en cuenta los mandamientos y ordenanzas, descritos en los Libros Sagrados.

- No opriman a los extranjeros que habiten entre ustedes. **Trátenlos como si fueran sus compatriotas**, y ámenlos como a ustedes mismos, porque también ustedes fueron extranjeros en Egipto. Yo soy el Señor su D/os. Levítico 14:33-34.

- Haz justicia al huérfano y a la viuda; que ama **también al extranjero dándole pan y vestido**. Deuteronomio 10:18-19

- Porque toda la ley en esta sola palabra se cumple: **Amarás a tu prójimo como a ti mismo**. Gálatas 5:14

- Porque tuve hambre, y me disteis de comer, tuve sed, y me disteis de beber; **fui forastero y me recogisteis**. Mateo 25:35

- Reúne al consejo y toma una decisión. Extiende tu sombra y convierte en noche el mediodía; **esconde a los desterrados, no entregues a los que huyen, permite que mis desterrados vivan en Moab, se para ellos un refugio ante la destrucción**. Porque la opresión llegará a su fin, el que ahora ultraja desaparecerá de la tierra. Isaías 16, 3-4

- **Que el amor fraternal permanezca en ustedes. Y no se olviden de practicar la hospitalidad**, pues gracias a ella algunos sin saberlo, hospedaron ángeles. Hebreos 13.1.

- Así habló [63]הַשֵׁם de los ejércitos, diciendo: juzgad conforme a la verdad, y **haced misericordia y piedad cada cual con su hermano**; no oprimáis a la viuda, al huérfano, al extranjero ni al pobre, ni ninguno piense mal en su corazón contra su hermano. Zacarías 7:9

---

63 Hashem, El nombre.

- Y **no angustiarás al extranjero**, porque vosotros sabéis cómo es el alma del extranjero, ya que extranjeros fuisteis en la tierra de Egipto. Éxodo 23,9.

Y en el **Sagrado Corán** se lee:

- No dejaré de recompensar a los que emigraron, fueron expulsados de sus hogares, padecieron dificultades por mi causa. Sura 3, 195. La Familia de ´Imran.

- Quien emigre por la causa de ﷲ encontrará en la Tierra muchos lugares para refugiarse y también sustento. A quien emigre de su hogar por causa de ﷲ y de su mensajero, pero lo sorprenda la muerte (antes de llegar a su destino), sepa que ﷲ le garantiza Su recompensa. ﷲ es absolvedor, Misericordioso. Sura 4, 100 La mujer.

- Los creyentes que emigraron contribuyeron con sus bienes y combatieron por la causa de ﷲ, son aliados de aquellos que les dieron refugio y socorro(...) Sura 8, 72 Los botines.

- A quienes emigraron por la causa de ﷲ después de haber sido perseguidos, les concederé una hermosa recompensa en esta vida, aunque la recompensa en la otra vida será aún mayor. Si supieran. Sura 16,41 Las Abejas.

- A los emigrantes pobres que fueron expulsados de sus hogares y despojados de sus bienes cuando buscaban la gracia de ﷲ, y su complacencia, y apoyaron a ﷲ y a sus Mensajeros. Ellos son los sinceros. Sura 59,8 El encuentro.

Estas palabras se resumen en uno de los grandes fundamentos de la espiritualidad de islam, *lo que le pertenece a* ﷲ *del ser humano es el rostro*, de esta manera se enseña que así cómo se actúe ante el otro al encontrarse se está mostrando lo que se lleva en el interior del corazón. Es decir, cuando rechazamos, juzgamos al otro o eliminamos de nuestra vida el Amor, estamos convirtiendo a D/os, ﷲ, השם en el primer migrante y al mismo tiempo en el primer refugiado.

La mística de grandes religiones y la profundidad espiritual de ciertas filosofías menciona que era tanto el amor de ﷲ que se contrajo y se expandió, creándose **el Tzim Tzum, el Om, el Silencio, el Tao**. Esta expansión-contracción de ﷲ, tiempo después la astrofísica le dio el nombre de Big Bang.

El *Séfer Bereshit*[64] menciona que D/os dijo Haya Luz y hubo luz, pero estas palabras no designan a un astro, para la mística, esta luz es la separación del *Cronos* y del *Kayros*, otorgando Principio al tiempo y al espacio, a la vida y a la existencia, separando la energía de la materia. Con esta expansión, השם, D/os, الله, formó la Creación, haciendo vida de la materia, y continuando su labor con la energía la cual tiene su esencia en la existencia.

De ahí la creación del Hombre.

El ser humano es un conjunto de energía llamado gracia, vivía su eternidad en la existencia, pero la pierde al expulsar a D/os de su corazón, al anhelar pertenecer a su propio espacio, ante ello, D/os le otorga vestimentas de piel, lo saca de la existencia/energía/eternidad y da vida/materia/tiempo, a través del cual podrá vivir en el espacio. Pero este espacio al ser creado de eternidad y tiempo será confuso porque se tendrá vida y existencia, así la vida pertenece al tiempo y la existencia a la eternidad, siendo la misión de ser humano entrelazarlas, por ello, השם, D/os, الله, se resguarda en el cuerpo y pone la vida en el cerebro y la existencia en el corazón. En estos dos órganos D/os construye su hogar y su casa para vivir en la materia y en la espiritualidad.

A partir de esta conexión D/os- الله - השם dispone en el ser humano tres alientos: *Nefesh* (aliento físico), *Ruaj* (aliento del corazón) y *Neshama* (aliento del cerebro). Siendo así como D/os al crear, contraerse y sumergirse se convierte en el primer migrante y refugiado, dejando en el libro del *Séfer Bershit*, los símbolos para reencontrarse con la casa común, a través de sumergirse en el espacio, en el corazón y en el cerebro.

Bereshit Bará Elohim… así comienza el texto sagrado. Desde una lectura cabalística, D/os le dice a la letra BET, contigo comenzaré mi creación, porque tú serás casa y hogar, es decir, *serás el cuerpo de mi creación, y el hogar de quien lo habite*, y esta disposición macro cósmica se repite en el ser humano, quien será casa y hogar para D/os y para todo aquél que busque refugio, de ahí el significado de Mesías, Salvador, Reino de D/os y Misericordia.

Cada ser humano es la ciudad de D/os, como menciona san Agustín, cada ser humano es una morada, señala Santa Teresa de Ávila, cada ser humano es el Reino de D/os, está dicho en el Inyil y todos somos Uno como lo vive el judaísmo y el islam, porque الله es Uno y para ser uno se

---

64 Libro del Génesis.

necesitan tres como lo explica la mística de la Trinidad, o desde la física cuántica, porque todo se fundamenta en comprender el Uno. En palabras del sufismo, el Yo solo le pertenece a ﷲ, pero si ﷲ es mi rostro, y el rostro de mis semejantes, también es ﷲ, el Yo unido con el Yo, da un Nosotros y así sucesivamente, pero siempre esta suma cuántica y mística nos retorna al Uno. Aquí toman sentido las palabras de Jesús, porque *todo lo hicisteis por el otro lo hicisteis por mí*. Si yo rechazo a mi semejante estoy rechazando a D/os y lo convierto en un migrante y un refugiado.

Toda esta enseñanza mística-cuántica se encuentra instalada en el cerebro y descrita en el *Séfer Bereshit*, para que sea el propio ser humano a través de la reflexión quien haga de la Tierra Prometida, es decir, de sí mismo un *Gan Edén*,[65] un Paraíso, un *Yanna*. Está escrito en el Zohar que la Toráh fue escrita con dos fuegos, el fuego negro -la tinta- para enseñar a toda una comunidad, y con el fuego blanco -los espacios. Donde D/os traza lo que sólo desea decirte a ti, y aquí es donde se entiende que el fuego negro es el cerebro y el fuego blanco el corazón.

Hablar del *Séfer Bereshit*, es sumergirnos en un mundo simbólico, donde el cerebro está representado con la única finalidad de que, al conocerlo, el ser humano responderá a las tres preguntas fundamentales, ¿Quién soy?, ¿de dónde vengo?, ¿a dónde voy?, y de esta manera, a pesar de parecer subjetivo y lejano de la realidad tendrá su paradoja en que al comprenderlo fortalecerá la cotidianidad y la relación no sólo interior sino con D/os, el prójimo y la naturaleza.

En el *Séfer Bereshit* se lee, *El Señor D/os plantó un jardín en Edén, hacia el Oriente, y más adelante dice, en Edén nacía un río que regaba el jardín y después se dividía en cuatro brazos.* A primera lectura este *Gan Edén* es un lugar físico, un jardín situado en un lugar llamado Edén, por otra parte, se habla de un Paraíso llamado *Pardés*, el cual no es un lugar físico sino interior.

Es interesante comprender que la base de la plenitud se relaciona con la unión de lo interior con lo exterior, de lo subjetivo con lo objetivo, símbolo del Cielo y la Tierra, en esta imagen existen diversas maneras de comprender la vida y la Palabra de D/os, ninguna se contrapone a la otra de forma semejante a como el cuerpo no se contrapone al espíritu.

---

65 Jardín del Edén.

Todo tiene un tiempo, está escrito en el libro del Eclesiastés, tiempo fundamentado en la paciencia, a cuál explaya la virtud de saber recibir y ofrecer en el momento justo, pero ¿cómo reconocer el momento justo? Simplemente cuando cada acto, palabra, Silencio no se forzan, sino que se revelan naturalmente. El cuerpo es esencial para comprender el avance espiritual, emocional, sensitivo, e intuitivo de nuestro interior. A través del cuerpo el ser humano se comunica con la Creación, por ello, es sagrado, sin el cuerpo nadie podría comunicarse con el Universo, cada uno de los sentidos ensambla al Hombre con la diversidad.

• El sentido del tacto hace percibir el mundo exterior y superficialmente lleva a comprender la Creación desde lo material y la razón.

• El sentido del gusto se relaciona con las sensaciones germinadas en los órganos, particularmente con el nervio espinal y el trigémino.

• El sentido del oído se corresponde con el sistema nervioso, con los instintos.

• El sentido de la vista se interrelaciona con los músculos, es más profundo al relacionarse con la médula espinal, el puso y el ritmo cardiaco.

• El sentido del olfato dice la mística, retorna al ser humano a su espiritualidad, por ello, D/os exhala su aliento en las narices de Adam (Humanidad). Este sentido nos retorna a lo que somos, nos otorga tranquilidad a través de cada respiro, tiene relación orgánica con cada órgano y los otros sentidos del cuerpo, además de tener comunicación con ambos hemisferios del cerebro.

Estos cinco sentidos mencionan la sabiduría de la antigua China son manejados por cada uno de los dedos de la mano y pies, guardan en sí mismos un pequeño porcentaje de la energía de los cinco puntos del Cosmos llamados continentes; en cada mano y pie, el ser humano lleva la sabiduría esparcida en las montañas, ríos, ciudades, pueblos, bosques, desiertos, en cada uno de sus sentidos la humanidad comprende el sentir del otro. En el cuerpo la distancia y la lejanía no existen, por ello, Adam y Adahama son los padres de la humanidad, no sólo para que evitar la existencia de clases sociales y para evitar que algunos se perciban con más importancia que otros, sino porque al compartir la misma energía la humanidad es una misma, siente, comprende, aprende, crece, se desarrolla y muere como la persona que vive a miles de kilómetros.

En el cuerpo el Hombre encuentra la cercanía con toda la humanidad y la Creación.

Otro punto de encuentro con el universo se haya en el cerebro, el cual se divide en hemisferio derecho, donde se resguardan las emociones, la creatividad, el arte, la música. Este hemisferio es integrador, centro de las facultades visuales espaciales no verbales, es el hogar de las sensaciones, sentimientos y habilidades especiales. Por otra parte, el hemisferio izquierdo es responsable del lenguaje, escritura, lógica y matemáticas, es el centro de las expresiones, almacena conceptos, lenguaje articulado, comprensión verbal, el cálculo, la memoria y resguarda el pensamiento abstracto.[66] Ambos hemisferios están regidos por cuatro porciones del cerebro donde cada una controla comportamientos y conductas concretas:

1) Lóbulo frontal
2) Lóbulo parietal
3) Lóbulo Temporal
4) Lóbulo Occipital

Conjuntamente el cuerpo se apoya del sistema nervioso somático centrado en el consciente y el sistema nervioso inconsciente, pero todo tiene comunicación gracias a las células nerviosas o neuronas, consideradas piezas de construcción del cerebro.

Lo anterior, es porque al comprender el funcionamiento del cuerpo interior y exterior profundiza en el entendimiento el concepto Paraíso-*Pardés* y sobre todo lleva a comprender espiritual y corporalmente el *Séfer Bereshit*.

El ser humano fue creado a Imagen y Semejanza, es decir, divina y humanamente, con lo material y lo espiritual. A partir de esto se comprende que para tener plenitud espiritual se debe consagrar el cuerpo y para tener plenitud corporal se debe consagrar la espiritualidad.

Al realizarse la creación, el Cielo y la Tierra se separan dejando en el centro el aliento. El Cielo simboliza lo espiritual, lo masculino, lo positivo, el interior. La Tierra lo material, lo femenino, lo negativo, lo exterior, por lo que se comprende que tanto al Cielo como a la Tierra el ser humano los lleva en su cuerpo a través de su cerebro, de manera semejante a como lleva en sus sentidos, en sus manos, y en sus pies los cinco puntos del universo. La mística menciona que en el hemisferio derecho del cerebro está el Cielo, el *Yang* y en el hemisferio izquierdo la Tierra, el *Yin*, como enseña el taoísmo. A partir de esto se comprende que las grandes

---

66 Cf. John Hughlings Jackson.

filosofías, religiones y ciencia tienen la misma sabiduría al explicar las dos primeras desde la simbología y el mito y la última desde los estudios científicos que en nuestro cuerpo llevamos lo escrito en el *Séfer Bereshit* donde el Cielo y la Tierra son fortalecidos por las neuronas o la luz divina nombrada *Sakina* que conduce al ser humano a comprenderse.

Otro punto que fortalece este estudio es lo escrito en el *Séfer Bereshit* 2, 10-14 en Edén nacía un río que regaba el jardín y después se dividía en cuatro brazos, el primero se llama Pisón donde hay oro, ámbar y ónice. El segundo Guijón. El tercero *Jidekel* o Trigris y el cuarto *Drab* o Éufrates. Estos cuatro ríos son la analogía de las cuatro porciones en las que se divide el cerebro, sí, así como son cuatro los ríos que surgen del Paraíso son cuatro las divisiones del cerebro.

- **Lóbulo frontal** – localizado en la parte anterior del cerebro. A partir de él se desarrolla la producción lingüística-oral, la atención comprensión, reorientación. Se encarga de absorber la información de todas las otras estructuras y las coordina para actuar de forma conjunta. En su región posterior se desarrolla el área motora primaria conduciendo los movimientos individuales a las diferentes partes del cuerpo. Su región anterior, acaudala la actividad motora asentada en experiencias pasadas. La corteza prefrontal se vincula con personalidad, los sentimientos, la iniciativa, el juicio y es la fortaleza de los ojos, cráneo, cavidad nasal y lengua.

- **Lóbulo parietal** – habita cerca del centro del cerebro, detrás del lóbulo frontal y delante del occipital, forma la quinta parte del cerebro, su función es la somato-sensación e integración sensomotora. En él se desenvuelve la atención, el procesamiento numérico, la memoria de trabajo. En su área sensorial primaria surgen los impulsos de la piel y se desentrañan como frío, dolor, placer, etc. En él se crea la comprensión del lenguaje escrito.

- **Lóbulo Temporal** – se pliega debajo de la mitad de ambos hemisferios. Es el responsable de la infracción que llega por el sentido del oído, compila, descifra, la información que llega de la nariz y hace frente a los estímulos sensoriales.

- **Lóbulo occipital** – se haya en la parte posterior del cráneo, es la parte del cerebro anterior y de la corteza visual primaria, recibe la entrada de las imágenes, dilucida, decreta la propiedad del color y otros aspectos de la visión y del lenguaje, identifica los rostros, objetos. Ofrece significados, respuestas lingüísticas y responde a la información. Si se daña causa alucinación e ilusión visual.

Estas cuatro funciones del cerebro no sólo se relacionan con los cuatro ríos del Edén, sino que ambos puntos cobran sentido en la manera en cómo los cabalistas mencionan debe estudiarse el Libro Sagrado, reflejo de las cuatro maneras centrales de especular la vida. Cada una de estas reflexiones partes de las cuatro letras de la voz *Pardes* en hebreo, vocablo formado por las letras *Pei* (פ), *Reish* (ר), *Dalet* (ד) y *Samej* (ס), las cuales dan origen a:

- *Pshat*, el sentido literal o evidente del texto y de la vida.
- *Remez*, sentido alegórico-simbólico, lo que trasciende la realidad, la metáfora.
- *Drush*, lo interpretado talmúdicamente, la visión profunda basada en la sabiduría.
- *Sod*, lo secreto e interior. El Misticismo.

Estos cuatro niveles de interpretación están entrelazados con cuatro animales: la voz *Pshat* con el toro, *Remez* con un hombre, *Drush* con un león y Sod con un águila. Cada uno se acerca a los seres de la apocalíptica del Antiguo Testamento especialmente del profeta Ezequiel (1,4-26), quien menciona que estos conducen la *Merkabá* o carroza de D/os.

Este vocablo formado de la raíz **RKB** habla del trono-carroza de D/os, representación -para muchos estudiosos- del estado perfecto adquirido después del paso por la Tierra y el Cielo, es decir, estado de totalidad e infinito, explicado en el cristianismo en los cuatro evangelios (Mateo, Marcos, Lucas, Juan) los cuales son simbolizados con los mismos cuatro seres. Esta totalidad o infinito es nombrado en la filosofía china Tao *donde el No ser es el origen del Cielo y de la Tierra (espiritualidad-interior), el ser el origen de las cosas*[67] (materia-exterior) aquello creado antes de D/os, donde se habla de las cuatro grandezas del universo.[68] El Hombre quien obedece las leyes de la Tierra, la Tierra que sigue las leyes del Cielo, el Cielo quien obedece al Tao, y el Tao quien se sigue solo así mismo.

El *Séfer Bereshit* es más que un libro de mitos y hermosa literatura, es un libro que explica el comienzo de la humanidad apoyándose no sólo de la simbología antigua, sino que se fundamenta y fortalece en la sabiduría

---

67 Cf. LaoTse, Tao Te King I-
68 Ibidem. XXV.

de la contemplación interior y exterior del ser humano. Este libro explica a través de mitos y géneros literarios el funcionamiento del cerebro, la unión del cuerpo con cada punto del universo, la forma en al que todo ser humano debe reflexionarse a sí mismo para poder alcanzar el estado primigenio llamado Nirvana en el budismo e hinduismo, Tao para el taoísmo, *EinSof* para el judaísmo, Vida Eterna para el cristianismo, *Yanna* para el islam.

El libro del Génesis es una invitación para que cada ser humano encuentre en su cuerpo el Cielo y la Tierra y de esta manera lo consagre en la dignificación del Semejante.

El Paraíso del cual nos habla el Génesis es el cuerpo humano en el cual fluyen, germinan se crean los actos más hermosos y bondadoso, pero también los más crueles y malvados. A través de él comprendemos que Adán y Eva llevan la dualidad en su interior, por eso *hombre y mujer los creó*, por ello, el cerebro tiene dos hemisferios, el Tao se complementa del *Ying y el Yang*, הֹשֵׁם se integra con la *Shejiná*, el D/os cristiano se encarna de una virgen, y en el islam la *Sakina* se expande.

Su divina gracia de la India menciona, *el concepto de Paraíso se comprende desde la mística de todas las religiones porque el Edén es el ser humano*, de la misma manera que todas las religiones buscan el Oriente para rezar, porque el Oriente está en el centro de la frente, lo que nosotros llamamos Tercer Ojo, ahí donde comienza el nombre del Padre para el cristiano, la parte del cuerpo que el judío recarga en el Muro de los Lamentos, y el musulmán postra en la tierra.

Quizá por ello Mark Twain escribió, para Adán, el paraíso era donde estaba Eva…

Porque Adám y Adahama representan la unión del cerebro con el corazón y como explica el sabio musulmán **Amr ElWardany**, a través de la pregunta. ¿Cuándo tienen sed que se las quita?, la respuesta podría ser el agua, pero, no porque desde la lógica de la química el hidrógeno y el oxígeno son extremadamente flaméales y causarían mucho daño al ser humano al unirse, entonces quien quita la sed no es el agua, es الله, estás palabras nos retornan a las palabras del segundo Profeta más importante para el islam, Isa-Jesús, porque tuve sed y me diste de beber, es decir, porque necesite de ti y me diste a D/os en tus actos, recibiéndome en el Paraíso, el reino de D/os, en esa Casa Común que tiene el ser humano, es decir… ***su corazón***.

MARTHA LETICIA MARTÍNEZ DE LEÓN SILENCIO فرح سكوت ®

Hermeneuta en Libros Sagrados, Lenguas Antiguas y Mística cuántica (Vedas–Sánscrito; Mishná/Talmud, Tanaj, Torá–hebreo; Biblia–latín y griego; Corán–árabe; Física cuántica, astrofísica, matemáticas–especialmente Leonhard Paul Euler Georges Henry Joseph Édouard Lemaître).

Doctorante en Física Cuántica, Neurociencia y Mística, bajo la investigación: *Hashem se revela a través del Big Bang*®. *Lectura gemátrica y cuántica del Sefer Bereshit 1-3 para obtener la música pitagórica del universo*: Maestra en Ciencias Bíblicas y Hebreo Antiguo; Maestra en Estudios Judaicos por la Universidad Hebrea. Especialista en islam por la Universidad Al Azhar, el Cairo, Egipto. Licenciada en Ciencias Religiosas, Universidad Pontifica de México.

41 libros publicados en España, Italia, Francia, Estados Unidos y Egipto en diversos géneros literarios, teológicos y místico–científicos (traducida al inglés, francés, italiano y árabe) Creadora de la Teología del Silencio, de la Carne y Mística cuántica®

IMPACTO DE LA VIVENCIA ESPIRITUAL EN LOS PROCESOS DE TRÁNSITO MIGRATORIO DE COLECTIVOS CON ESPECIALES DIFICULTADES SOCIALES

AGUILAR, J.; BURGUETE, T.; DE PALMA, J.M.; GALCERAN, M.M.; GOMIS, A.; GRANÉ, F.; HERNÁNDEZ, V.; JAUME, H.; RIBERA, M.N.; VALLS, M.

1. INTRODUCCIÓN.

Las migraciones humanas constituyen uno de los fenómenos sociales más importantes del mundo en la actualidad. Las crecientes diferencias de desarrollo entre norte y sur, el efecto de la globalización, la revolución de las nuevas tecnologías y los medios de comunicación y transporte, así como la creciente conflictividad mundial contribuyen a este fenómeno de movilidad humana que va en aumento. Según los últimos datos de la ONU del año 2017, 258 millones de personas vivían en un país que no era el suyo, es decir, el 3'4% de la población mundial. De estos, aproximadamente el 62% vive en países desarrollados, de los cuales 78 millones están en Europa. Una situación que, como hemos dicho, tiene una tendencia al alza a pesar del crecimiento ralentizado desde 2007 por la crisis económica y financiera, el endurecimiento de las leyes de movilidad internacional y las restricciones de fronteras. Emigrar, en muchos casos, puede representar una experiencia traumática, dolorosa o especialmente costosa dado que implica abandonar seguridades e iniciar una serie de pérdidas (tierra, lengua, amigos, casa, etc.) que necesitan su proceso de asunción y de adaptación a una nueva realidad. No todas las personas viven este proceso de la misma manera ni todos los emigrantes son del mismo tipo. El presente estudio se centra en el colectivo de personas que se ven obligadas a dejar sus países, en vías de desarrollo, por causas diversas y especialmente en aquellos que se encuentran en una mayor situación de vulnerabilidad y precariedad: las víctimas de Trata con fines de explotación sexual, las personas que han huido de sus países por los conflictos bélicos, situaciones de violencia extrema o de pobreza y al llegar a España se encuentran, mayoritariamente, en situación irregular. Para este tipo de inmigrantes el proceso migratorio supone (ACHOTEGUI, 2009) unos niveles de estrés tan intensos, descritos bajo el Síndrome de Ulises, que la mayoría de las veces superan a la capacidad de adaptación de las personas. Ante estas situaciones de extrema dificultad observamos también unas posibilidades de creatividad y de superación a la adversidad impresionantes. La vulnerabilidad (BROWN, 2016), se convierte en la capacidad que tenemos de anticipar, de sobrevivir y de resistir. Por eso la persona vulnerable es la que sale del confort para arriesgarse. La que, desposeída de muchas cosas está dispuesta a arriesgarlo todo y abandonarse al encuentro de nuevas posibilidades. Partimos de la hipótesis que, justamente esta situación de vulnerabilidad puede ser una oportunidad para tener una experiencia espiritual significativa y transformadora que favorezca los procesos de adaptación. Porque la apertura a la experiencia espiritual es difícil que se produzca si uno no la vive como un ser «necesitado». E incluso podríamos afirmar que no hay experiencia espiritual si no hay abandono, pérdida, rotura, o fragilidad (FONT, 2017), sólo así se puede llegar a experimentar que hay algo que está más allá de uno mismo (SAGALÉS, 2009). Desde aquí intuimos que la vulnerabilidad puede ser una oportunidad privilegiada para la vivencia de la experiencia espiritual. Una experiencia que en el fondo nos humaniza, dado que nos aleja de nuestro ego y nos permite aproximarnos más a los demás. En este sentido nuestro planteamiento ha sido entender al inmigrante en su singularidad y subjetividad psicológica y espiritual y, desde ahí, mostrar y comprender cómo vive su proyecto, su viaje migratorio y cómo repercute esto en su proceso de adaptación y transformación personal. Es decir, aproximarnos a la narrativa de la experiencia espiritual de los inmigrantes en mayor situación de vulnerabilidad, desde sus propias valoraciones y vivencias, con el fin de describir, comprender y analizar de qué forma la espiritualidad interviene en los procesos de tránsito migratorio.

Existen muy pocos estudios que aborden el impacto de la espiritualidad en los inmigrantes, algunos de ellos, des de la perspectiva sociológica o antropológica, se centran más en el uso de la religión en grupos culturales concretos que emigran a otros países (HAGAN, 2010). Y algún otro apunta al impacto de la religión cristiana en la salud mental de los inmigrantes o personas desocupadas (GEORGIADES, 2016). Más recientemente, el proyecto europeo *Psychological Health Impact of THB for sexual exploitation on female victims* (PHIT)i, coordinado por la Universidad de Barcelona y financiado por la Comisión Europea, apuntaba en sus conclusiones que habían constatado que la religión era un factor de soporte muy importante para las mujeres víctimas de Trata de seres humanos con fines de explotación sexual, aunque, como no era objeto de su estudio, no habían explorado ni analizado esta variable. En este sentido creemos que esta investigación puede aportar datos significativos de gran valor que complementan y amplían las aportaciones de estos estudios. Por otro lado, con dicho estudio queremos poner en valor la voz de los sin voz. Visibilizar la riqueza humana y espiritual de las personas recién llegadas que viven en contextos de alta vulnerabilidad y exclusión social, entendiendo que también ellos pueden ser agentes de transformación y humanización en nuestras sociedades acomodadas. Para ello se ha planteado una investigación cualitativa mediante el análisis de contenido de entrevistas en profundidad semiestructuradas a un total de 24 inmigrantes. En la primera parte del artículo se hace un breve repaso al marco conceptual de la investigación en base a las distintas variables analizadas: la inmigración, la espiritualidad y la evolución psicológica y humana. En la segunda parte se presenta la metodología utilizada en la investigación y finalmente en la tercera parte se exponen los resultados y el análisis de estos.

2. INMIGRACIÓN, ESPIRITUALIDAD Y EVOLUCIÓN HUMANA.

2.1. SOBRE LA POBLACIÓN OBJETO DE ESTUDIO.

Actualmente, los movimientos migratorios masivos forman parte de un fenómeno sociocultural y político de envergadura, que en gran parte se debe a causas socioeconómicas, bélicas, catástrofes naturales, persecuciones religiosas y políticas (GARCÍA y ALDA, 2005). Desde el año 1999, la población de inmigrantes ha ido aumentando en España situándose desde el 2,74%, hasta el 12'75% en el 2017, esto es, se ha multiplicado por seis en una década. La mayoría de estos inmigrantes son personas que se han visto obligadas a abandonar sus países por situaciones de crisis económicas apremiantes, conflictos bélicos, persecuciones, violencia, etc., realizando tránsitos complejos, altamente arriesgados y estresantes que conllevan la suma de una multitud de duelos, la familia y los seres queridos, la lengua, cultura, tierra, el estatus social, el contacto con el grupo de pertenencia, etc. que generan sentimientos ambivalentes de dolor y sufrimiento por lo dejado pero a la vez también son una oportunidad de desarrollo humano, de crecimiento y aprendizajes, de transformación personal y de esperanza por un futuro mejor. Según la Organización Internacional para las Migraciones (OIM), un migrante es un término genérico o definido en el derecho internacional que designa a toda persona que se traslada fuera de su lugar de residencia habitual, ya sea dentro de su país o a través de una frontera internacional, de manera temporal o permanente, y por diversas razones. La amplitud del término abasta un conjunto amplio y diverso de tipologías de migrantes, pero como hemos indicado nuestra investigación se centra en aquellas personas que abandonan sus países en situación de desarrollo movidos por necesidades económicas, de seguridad y protección ante los conflictos bélicos y la violencia, o de búsqueda de unas mejores condiciones de vida para ellos y sus familias, realizando desplazamientos donde la muerte aparece como una amenaza constante, junto a la superación de todo tipo de adversidades y dificultades

2.2. TRÁNSITO MIGRATORIO COMO VIAJE ESPIRITUAL.

Como hemos apuntado, entendemos que las situaciones de mayor vulnerabilidad en los tránsitos migratorios pueden ser una oportunidad para momentos de creatividad, de resiliencia, de maduración y de vivencias espirituales significativas. Puesto que, la espiritualidad entendida como la emergencia de la propia vida (FONT, 2017) que se intuye, pero no se puede llegar a comprender en su plenitud, es esa potencia o fuerza de vida que se desarrolla en un proceso evolutivo de maduración. Una evolución que va des de un estado egocéntrico de supervivencia, que ofrece seguridad, a un estado de relación con los demás que supone el abandono de las seguridades lanzándose a lo desconocido hasta alcanzar una unión mística o no dual. En este sentido entendemos el tránsito migratorio como un viaje espiritual, de despojamiento, de acumulación de pérdidas que sitúan a la persona en el umbral del abandono a alguna otra realidad que trasciende los propios límites y las propias fuerzas. En estas situaciones de dureza, vulnerabilidad y sentido de pérdida total, las creencias y/o experiencias místicas y espirituales pueden jugar un papel de anclaje vital significativo que faciliten la superación.

2.3. EL DUELO Y LA DESPOSESIÓN COMO ELEMENTO CENTRAL DE LA EXPERIENCIA RELIGIOSA.

El proceso espiritual se ve ayudado del proceso psicológico invitándonos a la pérdida de seguridades y la apertura a nuevas formas de ser uno mismo. En este proceso lo fundamental es, por tanto, la dinámica de despojamiento, de abandono de seguridades. Lo nuclear del proceso de evolución psicológica es el proceso de duelo, pérdida, y su fase creativa, apertura a una nueva realidad. Las pérdidas a las que se refiere el proceso son, generalmente, pérdidas profundas, emociones inconscientes en las cuales se ha construido toda nuestra forma de ser y con las que nos identificamos. El lenguaje cristiano habla de muerte y resurrección, entendiendo que la resurrección es la entrada en la realidad de Dios. Todo crecimiento psicológico o espiritual supone dejar algo atrás, desprenderse de apegos a maneras familiares de ser. Desarrollar nuestras identidades particulares implica aceptar que no podemos llegar a ser todas las personas que podríamos haber sido.

3.3. DEFINICIONES OPERATIVAS.

Utilizaremos unas definiciones operativas que vinculan la espiritualidad con la experiencia psíquica y que nos ayudan a delimitar los ámbitos de la experiencia en cada proceso. Para ello nos basamos en las aportaciones de FONT (1999). Hablaremos de fe para referirnos psicológicamente «a la confianza básica en aquel Dios, Misterio, Realidad, que no puedo alcanzar pero que puedo amar, que no lo puedo conocer todo lo que es pero que lo puedo intuir y confiar». La segunda definición importante, en tanto que es la vertiente más visible y comunicable de toda experiencia espiritual, son las creencias que las entenderemos psicológicamente como asentimientos de verdad en lo que no está demostrado. Para FONT (1999), «en las creencias científicas lo que aún no está demostrado (hipótesis) deja de ser creencia cuando ya se ha podido demostrar. En la vida espiritual la palabra creer se suele usar para tener fe, y no es eso, la fe no puede demostrarse, pero también se usa cuando hablamos de creencias religiosas». Durante muchos siglos lo que hoy se entiende por espiritualidad ha venido definido en el término religión, entendido como re-ligamento. Hoy, seguramente de una forma no muy precisa ni justa, se identifica la religión como algo vacío de experiencia. En cualquier caso, toda búsqueda requiere una definición terminológica, y en nuestro caso definiremos religión (FONT, 1999) como «relación simbólica, mítica, que ayuda a captar una realidad valorativamente superior. Así tenemos el mito del pecado original y muchos otros. Psicológicamente pues, es una experiencia relacional humana referente a lo que es superior a la persona, relación con lo trascendente (Dios). Las religiones se nutren de mediaciones humanas concretas que las configuran o también que las pueden desfigurar: formulaciones conceptuales, doctrinales, textos sagrados, normas, prácticas, rituales, etc.»

3. MÉTODO.

El objetivo general de esta investigación será describir y analizar de qué forma la espiritualidad interviene en los procesos de tránsito migratorio de colectivos en especiales dificultades sociales y que impacto tiene en sus procesos de adaptación. A tal efecto, el primer objetivo específico que nos planteamos fue el de explorar y analizar las interpretaciones que un colectivo de personas inmigrantes hace de su experiencia espiritual. El segundo objetivo específico ha sido identificar los anclajes o experiencias espirituales/religiosas que les permiten transformar o transcender las situaciones de adversidad vinculadas al proceso migratorio. Y finalmente el tercer objetivo específico analizar la aportación de la experiencia espiritual en sus procesos de maduración humana. Para dar respuesta a estos objetivos se planteó una investigación cualitativa en la que se han empleado entrevistas semiestructuradas que recogen el relato verbal en primera persona de los protagonistas de la investigación, asumiendo la intersubjectividad como valor. Se parte también de la base que el investigador adopta el papel de interprete o hermeneuta a partir de la narrativa de los inmigrantes. Aun así, en el análisis de resultado se han podido cuantificar algunos datos para medir la representatividad de algunas respuestas que presentaban mayor regularidad. Hay que señalar también que se trata de una investigación cualitativa concreta que pretende describir y comprender más a fondo una determinada realidad, por lo tanto no pretende en ningún caso extraer conclusiones generalizables sino únicamente apuntar posibles caminos de interpretación y análisis que ayuden a entender mejor qué posibles aportaciones puede hacer la espiritualidad en los procesos de tránsito migratorio de colectivos de inmigrantes específicos, aquellos que viven en unos contextos de más alta vulnerabilidad y se han visto obligados o forzados a irse de sus países.

3.1. PARTICIPANTES.

La muestra ha estado conformada por 24 inmigrantes en especial situación de vulnerabilidad que se han visto forzados a abandonar su país. Concretamente 4 mujeres presuntas víctimas de trata con fines de explotación sexual llegadas de países en vías de desarrollo y otros 20 inmigrantes más de países subdesarrollados que han huido por causas de pobreza, conflictos bélicos, falta de salud, etc. La dimensión espiritual y religiosa suele formar parte de un ámbito de intimidad de las personas. Abrirse a alguien desconocido, el entrevistador, para hablar de esta dimensión y expresar las propias vivencias requería de una serie de condiciones previas que se tuvieron en cuenta a la hora de seleccionar la muestra. En este sentido todas las personas entrevistadas estaban vinculadas a alguna entidad de atención social que daba apoyo a su proceso de integración a las que se accedió porqué eran conocidas y se tenía algún tipo de contacto personal por parte del equipo de investigación. Este hecho nos permitió poder garantizar, con más seguridad, un adecuado clima de confianza con las personas entrevistadas y un mayor conocimiento, por parte de los profesionales que las atendían, de los criterios necesarios para poder entrevistarlos. Dichos criterios de inclusión eran los siguientes: (1) personas que hubieran hecho un vínculo con la entidad y ya llevaran un cierto recorrido en la atención. Este criterio era importante para mantener la confianza; (2) personas que hubieran vivido un tránsito migratorio complicado y con dificultades significativas; (3) que tuvieran un mínimo dominio del idioma con el fin de evitar el sesgo de la traducción por parte de una tercera persona; (4) una buena fluidez verbal y expresiva; (5) personas que dieran importancia y vivieran la dimensión espiritual y/o religiosa en sus vidas de manera que la información recogida pudiera ser significativa. Alguno de estos requisitos no se pudo cumplir siempre, especialmente el relativo al dominio del idioma y la fluidez verbal y expresiva por parte de alguno de los inmigrantes de habla extranjera. Este hecho nos obligó a descartar tres entrevistas por las dificultades en la recogida de la información. Las entidades participantes fueron las siguientes: *Lloc de la Dona*. Entidad sin ánimo de lucro de las Hermanas Oblatas del Santísimo Redentor ubicada en el Raval de Barcelona, que atiende a mujeres que viven en contextos de prostitución y/o son víctimas de trata con fines de explotación sexual; *Caritas de Barcelona*. Entidad sin ánimo de lucro de la Iglesia Católica que acoge y trabaja con personas en situación de pobreza y necesidad; *Espacios Berakak* (Sevilla). Asociación que dispone de espacios de acogida para personas inmigrantes o refugiadas des de una espiritualidad abierta a diferentes manifestaciones religiosas; *Servicio de Atención Psicopatológica y Psicosocial a Inmigrantes y Refugiados* (SAPPIR) de Barcelona; y Centro Pasaje. Espacio promovido por la institución Teresiana dónde se puede vivir y compartir la fe en diálogo con la diversidad de culturas y creencias. En el contexto natural se realizaron finalmente un total de 24 entrevistas. Las siguientes fueron las características de los participantes: En la muestra final participaron 14 mujeres y 10 hombres con una edad media de 33 años. El 50% llevaban entre 0-3 años de permanencia en el país y el otro 50% más de tres años hasta un máximo de 15 años. Diez personas se encontraban en situación irregular y otras 10 habían conseguido regularizar su situación. Entre la muestra se encontraban también dos personas solicitantes de asilo y dos más con situación administrativa desconocida. En cuanto a los países de procedencia, 11 personas pertenecían al África subsahariana, 9 a países de Latinoamérica, 3 a Marruecos y una a países del Este. Así de las 24 entrevistas, 5 se realizaron en el *Lloc de la Dona* (3 personas nigerianas, 1 persona guineana ecuatorial y 1 persona sudamericana); 8 entrevistas se realizaron en *Cáritas* (1 persona de países del Este, 7 personas sudmericanas); 3 entrevistas se llevaron a cabo en el *SAPPIR* (3 personas marroquís); 7 más en los *Espacios Barekah* (7 personas subsaharianas) y 1 entrevista se realizó en *le Centre Passatge* (1 persona sudamericana).

3.2. INSTRUMENTO Y PROCEDIMIENTO.

Se optó por obtener la información dirigiéndonos a los inmigrantes para que nos relataran sus experiencias. El instrumento de recogida de información fue una entrevista semiestructurada de 30 preguntas que daban pie a entrar en diálogo y explorar los objetivos plateados. Respecto al procedimiento, a partir del marco conceptual de la investigación, de algunas experiencias concretas en este campo y de unas primeras entrevistas exploratorias a inmigrantes, se determinaron un total de 6 unidades de análisis con sus categorías que sirvieron para determinar el guion de la entrevista. Las unidades de análisis establecidas fueron las siguientes: (1) Pérdidas, rupturas y duelos; (2) Espiritualidad; (3) Religión, fe y creencias; (4) Marcas de sufrimiento; (5) Factores bio-psico-sociales y, finalmente, (6) Resignificación de la vida. Con el fin de validar el instrumento se procedió a realizar una prueba piloto a tres inmigrantes que finalmente no formaron parte de la muestra final, pero permitieron completar y verificar la formulación adecuada del instrumento. La prueba piloto nos sirvió para precisar la formulación de algunas preguntas de manera que mejorara su comprensión y a la vez introducir alguna categoría que inicialmente no se había contemplado. Después de la validación del instrumento se procedió a su aplicación. Las entrevistas fueron realizadas en el contexto natural, en las organizaciones dónde los inmigrantes ya participaban, por 8 personas del equipo de investigación y se destinó entre una hora y hora y media por entrevista. Puesto que trabajábamos sobre datos que respondían a relatos de experiencias, vivencias y conceptualizaciones de carácter subjetivo y en la información obtenida intervenían dos intermediarios -el entrevistado y las preguntas que se le formulaban-, se gravaron en audio la totalidad de las entrevistas. Esto nos permitió controlar mejor la información proporcionada evitando distorsiones o errores en la recogida de los datos.

3.3. ANÁLISIS DE DATOS.

La grabación de las entrevistas nos permitió transcribir la totalidad del contenido de cada una ellas siendo totalmente fieles a los relatos de los entrevistados. Una vez transcritos los relatos se precedió al análisis cualitativo haciendo una agrupación del contenido de las respuestas, seleccionando la información significativa, según las unidades de análisis y las categorías establecidas. Eso permitió identificar las regularidades en cada una de las categorías. Debido al gran volumen de información recogida y a que en los relatos aparecían de manera poco diferenciada algunas de las categorías de análisis establecidas, resultó una tarea especialmente ardua y compleja en la que somos conscientes que pueden haberse producido sesgos por la subjetividad del contenido, aun habiendo definido previamente cada una de las unidades y categorías de análisis. Aun así, el procedimiento de análisis permitió obtener los resultados que se detallan a continuación.

4. RESULTADOS Y APORTACIONES.

Las unidades de análisis sirven para poder identificar la información a recaudar, configurar la entrevista y establecer el análisis, aunque en los relatos de los inmigrantes dichas unidades aparecen estrechamente interconectadas e interrelacionadas de manera que en la presentación de los resultados se ha optado también por una exposición más holística e integrada de los mismos con el fin de no perder información significativa y dar mayor consistencia a los relatos. Pasamos a detallar los resultados y aportaciones más significativas identificadas hasta el momento.

4.1. EL CONTEXTO DEL TRÁNSITO (MARCAS DE SUFRIMIENTO Y ASPECTOS BIO-PSICO-SOCIALES).

Todas las personas entrevistadas han hecho un tránsito migratorio difícil y en la mayoría de los casos, han vivido situaciones de precariedad extrema como la carencia de las necesidades básicas (alimentación, bebida, vivienda, dinero, estudios, trabajo, salud) pasando por situaciones de deshidratación, desnutrición, frío o calor extremos, falta de salud, etc.[69] A estas situaciones hay que añadir haber sufrido todo tipo de violencias, agresiones, explotaciones, discriminaciones, abusos y persecuciones. Especialmente hay que destacar las situaciones de violencia de género, explotación sexual y laboral, tráfico de seres humanos, extorsiones y robos, privación de libertad, torturas físicas y psicológicas.[70] Otro elemento recurrente son los

---

69 *Dos meses en un bosque, (...) sin comida, sin agua. Estaba enferma.* (E12); *Dormimos en la calle, hicimos la malnutrición. Sin Trabajo.* (E21); *No teníamos dinero (...) Hacíamos lo posible para conseguir comida. No tenía casa. Dormíamos al aire libre.* (E22). Nota: la referencia (En) es «Entrevista número *n*» para cualquier número de entrevista.

70 *Los militares que están en el camino, que roban el dinero de los inmigrantes. Los traficantes de personas que en el camino pueden cogerte, te meten en una casa y hay que pagar dinero para salir de allí. Y si no tienes dinero puede pasar una semana, dos semanas, sin comer.* (E14); *Hay mucha gente que vino que está muerta porque no quieren pagar el dinero de la deuda. Ahora están matando a gente por el tema del vudú.* (E12); *Hay mucha violencia. No podíamos salir a la calle. A. C. lo llamaban para extorsionarlo, lo amenazaron varias veces de matarlo); Tenía que trabajar los domingos y me querían explotar* (E10)

engaños y traiciones de amigos y familiares que generan sentimientos de desconfianza, miedo y soledad. La amenaza constante de la muerte y de la persecución les genera miedo, inseguridad[71] y situaciones traumáticas que quedan silenciadas por la incapacidad de expresar el dolor vivido.[72] Pero a pesar de la dureza de sus situaciones sorprende la capacidad de resiliencia que manifiestan, decidiendo, además, en muchos de los casos, cargar solos con sus sufrimientos para ahorrar sufrimiento a la familia. Este es un factor que agrava la pérdida de la familia y los lleva a restar incomunicados durante todo el tiempo que dura el tránsito migratorio.[73]

Otro indicador de su capacidad de resiliencia es que el 54% de los entrevistados afirmaron encontrarse bien de salud y solo el 42% indicó algún tipo de déficit como problemas de las articulaciones, dolores de huesos, pérdida de peso, malnutrición o problemas dermatológicos. También cabe señalar, especialmente, el sentimiento de culpa expresado por aquellas mujeres que tuvieron que dejar a sus hijos/as en el país de origen. Y también, los sentimientos de angustia y preocupación por tener que devolver las deudas y para conseguir los papeles.

4.2. MOTIVACIONES DEL VIAJE, PÉRDIDAS Y DUELOS.

El tráfico migratorio se vive como un viaje espiritual donde se va pasando del no ser al ser, de una situación de muerte a una situación de vida. El punto de partida que moviliza dicho cambio es una insatisfacción vital. Una insatisfacción ante unas condiciones de vida que no se desean (pobreza (54%), violencia e inseguridad (21%), malos tratos, falta de libertad, etc.). Insatisfacción que activa el deseo de una vida mejor, de un mayor bienestar. Pero es una búsqueda de algo que no se identifica con claridad, un camino a tientas que luego se presenta lleno de dificultades asumiendo el riesgo.[74] En todas las tradiciones religiosas encontramos idea de viaje o

---

71 *nos escondíamos* (E22); *Te podían pegar un tiro...allí en las calles se escuchaban tiros.* (E19); *He sido dos o tres veces amenazado por individuos* (E22)

72 *Vi muchas cosas que no puedo explicar, vi muchas cosas... (...) Yo digo que he visto pero no puedo decir.* (E12). *En el desierto tú ves los muertos, como la gente se muere delante de ti, como la vida se va. (...) He visto como está el chaval derrumbándose y morir como si fuera un animal.* (E15)

73 *llamas cuando ya estás... Quizás durante el proceso habrían estado sufriendo... y no quieres hacer que pasen más miedo.* (E1); *En lugar de ser torturado delante de mi familia prefiero torturarme yo mismo en el camino, donde nadie va a verme.* (E22)

74 *me di cuenta de que había algo que no me gustaba y que era lo que me hacía moverme, era lo que me hacía desplazarme. Y de alguna manera buscarlos. He ido en busca de eso que no lo reconocía. Al menos no sé si sabía lo que quería, pero si sabía lo que no quería* (E3)

peregrinación. El viaje transcurre en un espacio, pero lo que importa es el tiempo. Lo fundamental, desde una visión religiosa, es la idea de que tú debes hacer una peregrinación y en esta peregrinación adquiere importancia el espacio en cuando te posibilita tu evolución temporal, no el espacio en sí mismo.[75] La trascendencia, entendida como este ir más allá, romper el marco concreto o lograr una situación mejor, se manifiesta a menudo aquí a partir de roturas, abandonos y pérdidas. Roturas de aquellos entornos o vínculos que no te permiten ser lo que eres. La idea de la evolución que necesita nuevos anclajes afectivos que son los que te hacen evolucionar se vincula con una metáfora que es paradigma de lo espiritual: romper con tu casa y buscar una nueva tierra. Esta conlleva dejar la forma de concebirte y lograr una nueva forma de estar en un viaje, que es un proceso. Existe esta similitud, que en lo religioso la hemos planteado siempre en términos de espacio y contemporáneamente en términos de tiempo.

Podemos encontrar diferentes matrices en el punto de partida de esta peregrinación: (1) La matriz de partida como la de Abraham. La de aquel que lo tiene todo y dice: me voy.

Me voy porque no me siento a gusto, me siento vacío. Es una matriz que no es de raíz económica.;[76] (2) La fuga de Israel hacia Egipto es un motivo económico. Dirá: no tenemos recursos, nos vamos a una tierra mejor, hacia un lugar y un entorno que nos permita ser, con dignidad. Esta sería la motivación mayoritaria entre los entrevistados.[77] Cabe señalar que igual que en Abraham no se trata de una búsqueda únicamente

---

75 *Este viaje ha sido para mí más que cuatro años de carrera en cualquier asignatura o más que un máster, ha sido una escuela de vida donde yo he aprendido a conocerme primero a mí conocer mis límites a entender el mundo entender el ser humano y también a crecer como persona. Yo sé que si hubiera seguido en Camerún pues seguramente, estoy segurísimo que no tendría la visión actual que tengo pues acerca de muchos asuntos. El mundo no tendría esa capacidad de, digamos de deshacerme de las cosas mundanas porque yo recuerdo que es verdad que en mi casa nos enseñaban conforme nos daban las cosas, nos enseñaban a valorar esas cosas, ¿no? Pero el hecho de haberlo tenido todo, seguro, seguro, seguro, segurísimo no hubiera sido la misma persona no hubiera sido la misma persona tan crítica y siempre como buscándole como explicación a las cosa (E16). Las circunstancias de mi camino me han ayudado a llegar a lo más hondo de mí mismo y descubrir y conocer quién soy de verdad y que es lo que tengo (E13)*
76 *Me tuve que ir porque es que lo tenía absolutamente todo, y ver que un día a otro paso de este estado de estar protegido, estar bajo las alas de mis padres, tener unas garantías de vida, tener un proyecto, (...) y ver que llegas a un sitio y que tienes que pasar la noche fuera ,tienes que comer en la basura, tienes que dejar que la gente te pisotee para conseguir ¿qué ?muchas veces me hecho la pregunta para conseguir ¿Qué?¿qué es lo que busco? (E16)*
77 *Me marché primero de todo, por problemas económicos. Quería ganarme la vida bien (E5); Yo salí de mi país buscando un mejor futuro. (...) Progresar, cambiar de vida. A eso yo salí (E19)*

personal sino de una partida dónde se busca el bien del otro, de la comunidad, del clan o, especialmente, el de la familia (padres, hermanos) o hijos. (80%); (3) La otra matriz es la de Jesús de Nazaret. Dirá: me voy porque en la familia no puedo ser yo. Esta idea, muy persistente en culturas africanas, aporta que yo soy un yo que es personal y en cambio en la estructura del clan soy el colectivo.[78] En este camino de abandonos, la principal pérdida expresada es la de la familia (54%) y los vínculos sociales, pero también se indica la pérdida de estabilidad profesional, de territorio, de identidad, de valores y de dignidad. Las pérdidas son motivo de muchos sufrimientos. Entre los más expresados se encuentran los sentimientos de soledad (67%), la falta de salud (42%) y la tristeza (47%). A pesar de ello, las pérdidas también son una oportunidad para (a) poner en juego los propios recursos personales: *Tengo que espabilarme por mi cuenta* (E1); (b) crecer en autonomía y seguridad: *Ahora pienso por mi cuenta, sin esperar a que venga alguien y te diga lo que tienes que hacer* (E1); (c) repensarse profesionalmente: *Me cuesta la pérdida de la situación laboral que tenía porque soy una persona que me gusta trabajo. Ahora mi preocupación es buscar un trabajo* (E4); (d) reencontrarse con la propia identidad: *He aprendido cosas de mí que nunca pienso que podría sentirlas o tenerlas* (E3); y (e) experimentar con más intensidad la trascendencia.

4.3. ESPIRITUALIDAD.

En primer lugar, hay que señalar que en muchos de los entrevistados no hay una distinción clara entre espiritualidad y religión. Ciertamente que muchos hablan de rituales, ceremonias, prácticas y liturgias o creencias, pero se trata de una religiosidad que, en general, conlleva una vivencia interna, sentida y vivida. La espiritualidad y religión aparecen, en general, de manera unitaria. En otros casos se hace una distinción entre religión como un conjunto de preceptos morales, normas, rituales, obligaciones, que más bien limitan o coartan al sujeto, y una relación personalizada y vital con Dios que es fuente de confianza.[79] Por eso algunos

---

78 *En la familia siempre me han etiquetado de rebelde, de delincuente, y yo creo que, si me quedo, si no me salgo, iba a ser completamente perdido, es decir iba a hacer muchísimo daño»* (E13).

79 *Porque las religiones son como un ejemplo: que no lo puedes hacer así, que no te puedes maquillar, que no puedes hacer eso... nadie le prohibió hacer nada, uno hace lo que uno cree que está bien. entonces lo que yo creo no es una religión, no lo tomo como una religión, sino como una relación con Dios. Pero ya le digo la palabra no es «religión» es «relación»* (E19)

distinguen entre orar, que implica un diálogo personalizado con Dios, y rezar como un acto de repetición sistemático de palabras estereotipadas.

La espiritualidad aparece muy a menudo vinculada a la necesidad de ser, de existir, de vivir. Hay una lucha constante para poder vivir en un contexto adverso a la vida y de peligro de muerte. Una lucha para poder salir vivo de las adversidades. Algunos reconocen que esta fuerza e impulso de vida no les pertenece, lo viven como un don, como algo que no saben muy bien cómo nombrar.[80] De hecho, la mayoría se descubre a sí mismo con una fortaleza vital que los sorprende y descoloca.[81] Hay una cierta conciencia de una fuerza vital en uno mismo, pero también de que esta fuerza vital no es suficiente y que allí donde no llega la propia fuerza es cuando se da el abandono final en alguna otra realidad en la que se sienten sostenidos y donde poder recuperar la fuerza para superar la adversidad. Esta fuerza es como la fuerza de la vida. Es el deseo de la vida, el deseo de vivir, el deseo de decir: yo no he venido aquí a morir, yo quiero luchar por la vida.[82] La sorpresa y la admiración de sentirse vivo, pudiendo estar muerto, abre las puertas a la espiritualidad.[83] En este contexto el sentido de la vida se convierte en poder salir adelante cada día, mantenerse vivo en cada momento. Se trata de una visión de la espiritualidad como génesis del ser, de la existencia. Podría equipararse a la de la definición del Dios del Antiguo Testamento. Cuando Moisés le pregunta «¿quién eres tú?» Y él contesta «Yo soy el que soy». Yo soy el que existe, yo soy la vida.

---

80 *El desierto es que es algo yo digo siempre que el que entra en el desierto y sale no es ni por su fuerza ni por su resistencia, es por algo que muchas veces no podemos poner palabras (E16)*

81 *No puedo amedrentarme, tengo que seguir hacia delante (E4). Cuando la autoestima es fuerte y potente todo se puede (E2). En mi interior, en mi mente, era tan fuerte, y siempre recuerdo que pensaba cómo es que yo no tenía miedo entonces, cómo es que mi mente era tan fuerte durante todo el viaje? (E1) y en algunos casos los trasciende mi fuerza? Realmente, no sé... no lo sabría decir... Pero yo creo que existe, que siempre está conmigo... y lo que pienso es que es Dios... Sí, eso es lo que yo creo... No conozco otra manera... yo sé que Dios está aquí mirándome (E1)*

82 *Porque yo estaba luchando contra mi creencia, de decir «no puedo». Pero como me puse en la mente «ya no tengo nada que perder» y era mi realidad en ese momento, lo hice. Me dejó una gran experiencia. Me abandoné a algo. Al universo, a Dios, no sé, pero lo hice. Una parte de mí, algo nació y me dijo puedes hacerlo, simplemente hazlo bien, ya está. Y lo hice. (E20)*

83 *En el desierto, cuando llegas en el desierto, tú ves los muertos, como la gente se muere delante de ti, cómo la vida se va y ya empieza a chocarte (...). De verdad que yo también he visto mucho que yo también podía morir, a mí también me podía pasar. Que me podía morir y quedar allí sin enterrar. Y eso fue un choque (E15). Yo decía «soy muy afortunada de estar viva», porque lo que le pasó a él me pudo haber pasado a mí (E19)*

La humanidad del otro se convierte en núcleo de la experiencia espiritual, que en determinados casos se reconoce como una gracia recibida, como un atributo de Dios.[84] En este sentido, la experiencia espiritual no se reduce únicamente a una vivencia personal interior sino, fundamentalmente, se trata de una vivencia interpersonal que se concreta en la gratuidad de la ayuda fraterna,[85] que facilita el proceso de adaptación y es motor de transformación personal.[86] De hecho, muchos experimentan la providencia de Dios a través de la mediación de las ayudas concretas y sencillas que reciben otros. El establecimiento de vínculos afectivos positivos y el encuentro con personas que te asisten en los momentos más terribles o cuando uno se siente más perdido, son motivo de transformación personal y se convierten, en algunos casos, experiencias espirituales significativas.[87] Los marcos culturales hacen que estos encuentros se interpreten como momentos de asistencia, intercesión y de cuidado de Dios. En la mayoría de los relatos hay toda una subcultura de la solidaridad, de la asistencia, de la responsabilidad hacia el otro, que nos indican claramente que la experiencia espiritual se vehicula fundamentalmente a través de la relación con los demás. En este sentido el material cuestiona e interpela la visión de una espiritualidad más individualista y auto centrada. Este camino espiritual implica una relación de *feedback* constante entre lo de fuera y lo de dentro. Esto nos lleva a preguntarnos: lo psicológico, ¿al servicio de qué está? ¿Al servicio de una espiritualidad comunitaria, histórica, relacional o de una espiritualidad individualista, terapéutica, egocéntrica?

---

84 *El amor de las personas de Caritas viene del amor de Dios. Dios para mí es el padre de todos nosotros. Implica que cada día hay que seguir su camino y si puede ayudar a los demás* (E4)

85 *Me llenó de satisfacción, de confianza. Estoy muy agradecido* (E4); *me dio luz, esperanza, fue una revelación* (E3)

86 *Esa ayuda tan puntual de una persona concreta ante una situación concreta entonces a mí eso me marco muchísimo, son situaciones que te hacen reaccionar* (E3). *Aquí me he dado cuenta y me han enseñado que uno es más grande cuando ayuda a una persona que lo necesita, se hace más grande. Antes lo hacía pero ahora lo hago más, tengo que hacerlo. A la gente que han creído en uno, por ejemplo aquí, yo quiero dar lo mejor de mí. Me siento deudor* (E4)

87 *El Señor ha puesto en mi camino a personas que han sabido entenderme, han sabido acompañarme, que han sabido caminar junto a mí. Y yo creo que esto es mi felicidad. No lo debo a mi sino a Dios y a toda esta gente que él ha puesto en mi camino y por esto me siento muy agradecido y yo siempre digo que me comparo, me considero como uno de estos enfermos endemoniados que el Señor curaba y a pesar de mandarlos a callar iban por el camino cantando su alegría y su agradecimiento a todos los que se encontraban. Y más adelante dice porque el Señor me lo ha regalado a través de todos aquellos(…)Y si no me siento amado hasta lo mínimo sale el búfalo que yo llevo dentro, es decir, salgo a matar, no salgo a... es decir, soy completamente desconocido* (E13)

No podemos conceptualizar la experiencia espiritual. Es una experiencia profunda que necesita expresarse simbólicamente, por ejemplo, a través de los sueños. En el conjunto de entrevistas realizadas disponemos de la narración de seis sueños que relatan revelaciones significativas para los inmigrantes. En algunos casos se expresan como revelaciones directas por parte de Dios y en otros casos a través de la voz de familiares o personas cercanas. El lenguaje simbólico cobra un peso fundamental en todos los relatos y es un aspecto que hay que poner en valor en tanto que las narraciones simbólicas, míticas, son el gran patrimonio que de momento tiene la humanidad. Martin Velasco señala siempre que toda experiencia espiritual y religiosa necesita de las dos dimensiones. Por una parte, hay una dimensión vivencial que se refiere a la vida concreta, pero por otra parte necesita que esta experiencia sea leída en un marco de sentido que es una tradición. Es decir, estos textos simbólicos se convierten en material propio, se resignifican y dan sentido. Se hacen propios para reinterpretar toda la vida. Y con esto afirma que no puede existir una experiencia sin una tradición, sin una narración.[88] La tradición, no es que lo que ha habituado a hacer tales o cuales cosas, sino que son unos contenidos de narraciones que permiten reinterpretar lo que se está viviendo. Estas tradiciones simbólicas pueden tener dos interpretaciones. Una interpretación regresiva, esquizoparanoide, o pueden estar al servicio de lo depresivo.

4.4. RELIGIÓN, FE Y CREENCIAS.

Las creencias religiosas condicionan las experiencias espirituales y las contextualizan en unos marcos culturales determinados, pero no las determinan. Por ejemplo, la persona entrevistada que se declara no creyente expresa que experimenta, que es ayudada, apreciada, valorada y querida. Este marco cultural condiciona la interpretación de la experiencia espiritual.[89] Aunque en la mayoría de los casos los relatos de vida que expresan los entrevistados se interpretan religiosamente. En la Europa secularizada no es tan habitual, pero tanto en África como en muchos países de Lati-

---

88 *Y yo hoy lo digo, mi gran suerte es haberme criado en esta tradición. De hecho, hoy yo lo confieso que cada día soy menos católico y más cristiano. Porque estoy cada vez más cerca, estoy caminando hacia mi fe ancestral. Y en este camino encuentro muchas similitudes con el cristianismo, con las palabras y el deseo de Jesús* (E13)

89 Esta misma persona afirmaba: *Pues la verdad es que no lo sé. Yo creo que no lo sé si creo en algo ¿sabes?, pero sí que hay una cosa que a lo mejor la conservo de la religión y qué es la esperanza a lo mejor es muy cristiano eso y todavía lo tengo ahí* (E3)

noamérica frecuentemente se interpretan más religiosamente. Debemos distinguir entre creencias como ideas y creencias como estilo de vida. En la mayoría de los relatos las creencias están incardinadas en un estilo de vida generosa, altruista y de solidaridad y ayuda mutua. Esto se ve expresado en algunos casos donde la iglesia ha ayudado a salir de uno mismo y a hacer la experiencia de servicio a los demás.[90]

Las formas de relación con lo Trascendente son diferentes también en función del marco cultural y educativo. En algunos casos hay conciencia interna de una realidad que es inherente a uno mismo, que habita en el propio interior.[91] Una realidad amorosa que conforta, anima, sostiene, consuela y protege, con quien se entra en relación. En otros casos se percibe también como una realidad presente en los demás y en la misma vida.[92] Hay también formas diferentes de concebir a Dios. Como Padre, Luz, Amor, Bondad, creador, como una realidad protectora y providente. Y en general se suele asociar a la persona cristiana o que cree en Dios con alguien honesto y honrado, que hace lo correcto, que realiza actos bondadosos y de amor a los demás. La conciencia de la propia vulnerabilidad predispone al abandono y la confianza en alguna realidad trascendente.[93] Esta experiencia de fe se convierte en un factor determinante en los procesos de superación personal.[94] En este sentido la fe y las creencias se convierten

90 *Y yo confío en Dios. Yo sé que Dios va a hacer todo para que yo haga camino y para que dé lo mejor de mí Y un día si yo llego a mi país, espero que así sea, pienso seguir con la Fundación que tenemos allá y la Asociación de Santa Rosa de Lima para seguir ayudando a los más necesitados* (E4).

91 *¿Mi fuerza? ... Pero yo creo que existe, que siempre está conmigo ... y lo que pienso es que es Dios* (E1). *Siento esa vibración, como ese escalofrío que me entra, yo sé que es el Espíritu de Dios que me da fuerza* (E4)

92 *A Dios lo sentimos a través de los hechos y a través de que Dios siempre abre puertas en el camino y tu dices uau!...como me ha facilitado las cosas pero hay alguien detrás de ti que te está abriendo las puertas para que todo te salga bien* (E4).

93 *Y, algo que sé, es que esto no ha pasado para que yo fuera muy inteligente o que fuera una luchadora agresiva: estoy contenta porque, cuando hacía este camino, simplemente rezaba, y me prometí a mí misma, «cualquier algo de lo que me salga bien, le agradeceré a Dios porque él siempre me ha estado haciendo lado»* (E1). *Yo siempre pongo todo en manos de Dios. Y llegué aquí y aquí me siento bien porque me han dado la mano, me han ayudado y yo creo que en eso me abre los caminos Dios* (E4)

94 *Si yo no hubiera sido una persona que he confiado en Dios, quizá, quizás yo hubiera fracasado* (E4). *Rezo al respecto, no pido, sólo le digo «si eso es lo que será posible para mí, permite que lo consiga, no permitas que haya cosas que me lo impidan o que yo me piense ... y, si no será posible, muéstrame y hazme notar que no es lo que me conviene»... Si el venir hacia aquí es bueno para mí, ya es mi destino, que venga, que algún día llegaré ... y no puedo decir que ya todo está hecho y conseguido ... quizás durante el camino pasarán algunas cosas difíciles ... al final, he encontrado que he conseguido llegar donde quería* (E1)

en un factor clave de resiliencia y de protección para hacer frente a las dificultades y superar las situaciones de adversidad. El 83% de los entrevistados responden afirmativamente a la pregunta de si la fe les ha ayudado a vivir su proceso de tránsito. Muchos (un 54%) expresan su radical confianza en Dios, la única realidad a quien abandonarse en los momentos más difíciles y la única fuerza capaz de mantenerlos vivos.[95] A veces este apoyo puede favorecer una transformación y maduración.[96]

O, a veces, puede ser una defensa que encorseta a la persona en una posición que le aporta protección, seguridad, refugio. Puede ser una manera de calmar todas las ansiedades y todas las incertidumbres. Esto ocurre con algunos relatos especialmente providencialistas donde se tiene una concepción de un Dios que ayuda a controlar la realidad y lo que ésta tiene de incierto y de imprevisible.[97] En la mayoría de los casos, sin embargo, esta protección que se expresa como lo hace el salmista en el Sl 22 (*El Señor es mi fuerza*) se hace desde una opción madura en la que no hay una renuncia a la responsabilidad de vivir sino todo lo contrario, uno ha puesto todo lo que ha estado en sus manos, y más, para salir adelante.

4.5. RESIGNIFICACIÓN DE LA VIDA.

Muchos expresan como la experiencia de la vulnerabilidad ha sido una experiencia de humanización. Los procesos de desposesión, de fragilidad, de acumulación de pérdidas les ha permitido evolucionar, sentirse más cercanos a las necesidades de los demás, movidos a la solidaridad y al amor.[98] Este camino de pérdidas y desposesiones les ha permitido evo-

---

95 *El desierto es que es algo yo digo siempre que el que entra en el desierto y sale no es ni por su fuerza ni por su resistencia, es por algo que muchas veces no podemos poner palabras. (E16).*
96 *Porque he tenido una reunión como jamás se había visto en mi familia que les he hablado de mi odio, de porque salí de mi tierra, se los he comentado a mi familia. Y les he dicho que, si yo no me hubiera salido, seguramente hubiera matado a alguien de entre ellos, por el odio que llevaba dentro, porque no entendía, era incapaz de entenderlo. Y yo me arrodillé delante de ellos suplicándoles que por favor seamos capaces de dejar fluir este amor que tenemos dentro, somos fruto de amor, somos portadores de amor. (...)Y me arrodillé delante de mis padres, delante de mis hermanos, para pedir esto. Tanto que mi abuela, que es la más anciana en edad de la familia, se levanto y pregunto a la asistencia: ¿Quién es este niño que nos reúne hoy aquí y nos hace pensar? ¿Cuándo ha nacido, cuando ha crecido? (E13).*
97 *Entonces esa ha sido mi confianza en Él y digo es verdad no me voy a preocupar siempre si cuando yo no tenía trabajo y tenía compromisos económicos que cubrir los cubrí porque Él me provee, entonces es el mismo Dios, o sea, lo he conocido como un dios proveedor, como un Dios ayudador, protector, entonces eso en mi es una relación, por eso no me preocupo si tengo o no Trabajo (E9).*
98 *Este viaje ha sido para mí más que cuatro años de carrera en cualquier asignatura o más que un máster , ha sido una escuela de vida donde yo he aprendido a conocerme primero a mí conocer mis*

lucionar, ser ellos mismos, recuperar la identidad, reforzar la autoestima, descubrir el potencial interior.[99] El contacto con instituciones y entidades de iglesia donde han podido vivir una experiencia de encarnación del amor, les ha permitido crecer en amor y apertura a los demás. En general esta experiencia, que ha sido una experiencia de reconocimiento y de afecto profundo les ha permitido salir de sí mismos, darse y expandirse.[100] En algún caso la experiencia espiritual ha sido una experiencia transformadora hacia la reconciliación, la pacificación y el amor a los otros. Un proceso vivido a través de la aceptación en los procesos de duelo y de superación de las pérdidas.[101] La vida toma sentido desde la vinculación a los demás y en la

límites a entender el mundo entender el ser humano y también a crecer como persona. Yo sé que si hubiera seguido en Camerún pues seguramente, (...) el mundo no tendría esa capacidad de, digamos de deshacerme de las cosas mundanas (E16); Antes era más dura, ahora... no es que sea débil, sino que ahora soy más consciente. Porque antes yo de pronto era muy dura para decirle las cosas a alguien. Ahora soy mucho más comprensiva. Más paciente. Si antes era paciente, ahora soy más paciente. Dios me ha ayudado a ser mejor persona, esta experiencia me ha cambiado (E19); He aprendido a desapegarme de las cosas y amar más a las personas. A las personas, a la naturaleza (E20)

99 *Todos estos aprendizajes me han hecho más consciente me han ayudado a volver a ser yo misma a desapegarme, o sea, es un proceso de recibir y quitar, quitar y recibir poder ser transparente como el agua (E20); Me desapegado del nombre, yo no elegí este nombre me lo pusieron y encima porque mi padre se llama C., me he desapegado del apellido, me he desapegado de mi madre, de mi padre y de mis hermanos. No es una identidad que yo había elegido, me la han impuesto. Me he desapegado para poder apreciarlo. Mi vida no vale más que la tuya, la vida de mi madre no vale más que la mía, somos todos una... Y, al hacer esos ejercicios les he amado más. No por lo que son, lo que representan en esta vida que estoy viviendo, si no como a seres espirituales que Dios o el universo ha elegido para que yo comparta esta experiencia con ellos. Empecé a verles como lo que son, no como lo que representan (E20); Ahora ... pienso por mi cuenta ... intentar hacer las cosas por tu cuenta, y no esperar a que venga alguien y te diga lo que tienes que hacer (E1)*

100 *Porque cuando llegué a Sevilla, en Caritas, ellos son personas cristianas y cuando vi a las personas cristianas que me acogieron o las personas blancas que me dan de comer, se me ha cambiado mucho el pensamiento. Dentro de mí ha cambiado... puedo decir que he multiplicado, tengo ganas de multiplicar las ideas o los esfuerzos (E14). Solo te llevas lo que tú puedes hacer en favor de lo demás y lo que tú puedas ayudar. Y yo siempre miro eso, y trato de llevarlo. Eso es lo único, la satisfacción que uno se lleva, lo que puedo hacer en favor de los demás y lo que pueda dar. Y yo he aprendido mucho con la gente de acá, con la Fundación mayormente. (...) Porque aquí me he dado cuenta y me han enseñado que uno es más grande cuando ayuda a una persona que lo necesita, se hace más grande. Antes lo hacía, pero ahora lo hago más, tengo que hacerlo... (porque aquí has recibido mucho)... Sí, sí. Eso es así (E4)*

101 *Porque me he dado cuenta de que, en esta vida, bien, mal, no existe. Lo que está bien o mal es nuestra actitud frente a lo que vivimos. Es nuestra capacidad de aceptación. Y yo creo que es mi conclusión, la fuente de esta fe es la que hoy disfruto, yo gozo (...) Pero esto lo veo después de esto, y eso ha sido una cosa que durante el transito del camino echo de menos a los míos. Cuando yo al salir les odiaba. (...) Yo fui a toda esta gente que te digo que les odiaba a darles regalos, para agradecerles... De corazón porque para mí era dar gracias al Señor, en realidad no es a ellos a quien daba las gracias, era a Dios (E13). Aprender a perdonar yo creo que es el acto más liberador que existe. Lo hice con ejercicios de relajación, meditación y aceptación... Aceptar que muchas veces lo que hace no superar algo es no*

mayoría de los casos el tránsito ha supuesto un crecimiento en sociabilidad, apertura a los demás y capacidad de amar.[102]

5. CONCLUSIONES.

Los resultados y el análisis realizado permiten alcanzar los objetivos planteados y ofrecer evidencias significativas que apuntan a la espiritualidad y la religión como un elemento de soporte muy importante en los procesos de tránsito migratorio. La investigación permite afirmar, comprender y explicar cómo espiritualidad y religión son un factor de resiliencia y creatividad que favorecen los procesos de adaptación y superación de la adversidad en el viaje migratorio. A la vez permite confirmar la hipótesis inicial, evidenciando como las situaciones de vulnerabilidad se convierten en oportunidades para la experiencia espiritual y para el crecimiento personal. Observamos como la dimensión espiritual, a veces en términos más religiosos, otras en términos más íntimos, es una dimensión que ayuda a formular un relato que ofrece elementos mentales resilientes, un marco de sentido que genera esperanza. Este relato tiene mucho que ver con la desposesión, el abandono, la confianza, el dejar ir para reconstruirse. Es un relato que ayuda a vivir el viaje como una peregrinación interior. En este sentido no es la suma de una sucesión de traumatismos desconectados, sino que todos los acontecimientos, tanto buenos como malos, se suceden en un continuum interior que tiene su sentido. Por otra parte, la investigación aporta elementos de interpretación para los profesionales que atienden y acompañan a los inmigrantes. En primer lugar, ejemplifica ampliamente que la experiencia espiritual no es algo que se produce únicamente en la esfera de la intimidad, sino que sobre todo se produce en el encuentro con la alteridad. De hecho, muchos experimentan el encuentro con la transcendencia a través de la ayuda fraterna, de la mediación de personas que los acogen, los aman, los cuidan y atienden, viendo en ellos un instrumento de Dios en su camino. Para

---

aceptarlo (E20). La amiga que me trajo, que yo le dije, yo la hubiera odiado con toda mi alma, pero yo ya no la odio, a pesar de lo que me hizo, yo ya la perdoné. A mi mamá la que me regaló, que yo no conozco, yo ya la perdoné. Gracias a Dios (E19)

102 *No soy tan asocial, ya. Al principio era un poco más asocial, me daba miedo todo (E24). Antes estaba cerrado, no sé cómo decirte… Estaba cerrado en mí mismo, yo estoy en verdad el otro no. Pero ahora yo entiendo que cuando cambia la cultura hay cosas que tienes que aceptarlo. Creo que eso es bueno para el corazón. Para estar libre, ahora el corazón está un poco más libre (E8)*

muchos de los entrevistados el pasaje evangélico «Porque tuve hambre y me disteis de comer, tuve sed y me disteis de beber, fui forastero y me recibisteis...» (Mt 25), se encarnó en sus vidas. Esto pone especialmente en valor la tarea de acogida y acompañamiento: saber el impacto que puede tener una mirada, un abrazo, un vaso de agua, una caricia, una escucha profunda del otro, un trozo de pan cuando se está hambriento, etc., parece fundamental para los procesos de adaptación y recuperación de los inmigrantes. Y a la vez es una manera de encarnar lo transcendente de la vida, el amor transformador. En segundo lugar, como se ha visto, casi toda la realidad de la vida de estas personas inmigrantes se interpreta religiosamente. Aunque la sociedad occidental no sea así, la importancia y el valor de la religiosidad y la espiritualidad en sus vidas y en su proceso de adaptación, plantea retos en la formación de los profesionales de la acción social. Tanto en el conocimiento de esta dimensión como en su acompañamiento. En tercer lugar, en muchos de los relatos se evidencian la necesidad que tienen las personas migrantes de cortar la comunicación con la familia por temor a que les impidan la marcha, pero, fundamentalmente, porque la quieren proteger del sufrimiento. Cuando esto ocurre, la necesidad de hacerse resilientes, fuertes, valientes, les obliga a no poder conectar con el duelo que están viviendo. Es precisamente cuando encuentran una escucha o una mirada, o el acompañamiento que apuntábamos, cuando pueden empezar a poner nombre, de alguna manera, a todo lo vivido. Aquello que no han podido formular antes porque han tenido que hacerse fuertes. Este hacerse fuerte por un lado es resiliencia y por otro lado una desconexión con ciertas áreas de uno mismo que resultan demasiadas dolorosas de aguantar. En este sentido la investigación plantea un reto también en la atención y acompañamiento psicológico, ayudando a volver a conectar con uno mismo, con todo lo que ha quedado retenido, inhibido como mecanismo de subsistencia en la vida, para poder ser elaborado y sanado. Finalmente señalaremos algunas limitaciones a la investigación, así como alguna propuesta de futuro. En primer lugar, somos conscientes que los relatos obtenidos de los entrevistados no nos han ofrecido suficiente información para poder analizar la aportación de la experiencia espiritual en los procesos de maduración humana. Con la excepción de un relato en el que se evidencia claramente una evolución personal que va del odio, el resentimiento y el conflicto

familiar a la paz y la reconciliación gracias a todo un recorrido espiritual, el resto de los relatos no permiten captar el dinamismo de este impacto, aunque sí aportan afirmaciones, por parte de los entrevistados, de que la experiencia espiritual o religiosa les ha permitido evolucionar en algunos aspectos. Consideramos que sería interesante en un futuro plantear una investigación longitudinal de algunos casos que nos permitieran captar la evolución y los dinamismos internos de la misma. Por otro lado, las dificultades en el idioma que muchos manifiestan, con sus limitaciones de expresión y fluidez verbal, dificultan, en parte, la tarea de explorar y profundizar en algunas de las variables. En este sentido, sería interesante completar y contrastar la investigación con personas inmigrantes que lleven más tiempo de permanencia en el país y con un dominio del idioma suficiente para recoger toda la riqueza de la expresión de sus relatos. Otros campos quedan abiertos con esta investigación: profundizar en las diferencias de la experiencia espiritual según los contextos culturales de origen, así como en las diferencias teniendo en cuenta la variable género.

Agradecemos profundamente a todas las personas entrevistadas la oportunidad que nos han brindado permitiéndonos entrar en su mundo interior a través de sus relatos compartidos. Relatos que expresan su humanidad, su fortaleza, su confianza y fe en Dios, su esperanza y su capacidad de superación, y que, con ellos, interpelan las conciencias de nuestras sociedades materialistas y autosuficientes; y nos instan, como el profeta, a convertir nuestras sombras en luz para una nueva humanidad: «Comparte tu pan con el hambriento, recibe en tu casa al pobre sin techo; viste al que no tiene ropa y no dejes de socorrer a tus semejantes. Si te das a ti mismo en servicio del hambriento, si ayudas al afligido en su necesidad, tu luz brillará en la oscuridad, tus sombras se convertirán en luz de mediodía». (Is 58,7;10).

6. Bibliografía

ACHOTEGUI, J. (2003). Depresión y ansiedad en el inmigrante. Barcelona, España: Ediciones Mayo, S.A.

ACHOTEGUI, J. (2008). Migración y crisis: el síndrome del inmigrante con estrés crónico y múltiple (síndrome de Ulises). *Avances en salud mental relacional,* 7(1), 1-17

ACHOTEGUI, J. (2013). 12 características específicas del estrés y el duelo migratorio: conceptos básicos e implicaciones clínicas, psicosociales y asistenciales. Barcelona, España: Achotegui, Joseba.

ACHOTEGUI, J. (2018). La inteligencia migratoria. Manual para inmigrantes en dificultades. Barcelona, España: Ned Ediciones

AGOSTINI, F. (2015). Dificultades y proyecciones en la relación entre salud y espiritualidad. *Veritas,* (33), 143-158

BEÀ, J., CORBÍ, M., ESCARRÀ, A., FONT, J., GOMIS, A., MELLONI, F., NOGUÉS, R.Mª., PATUEL, J. (2008). *La espiritualidad después de las religiones.* Barcelona, España: La Comarcal.

BROWN, B. (2016). El poder de ser vulnerable. Barcelona, España: Urano.

COMTE-SPONVILLE, A. (2006). El alma del ateísmo: introducción a una espiritualidad sin Dios, Barcelona, España: Paidós Ibérica

DAMASIO, A. (2001). La sensación de lo que ocurre. Madrid, España: Debate.

ENGEL, G. L. (1977). The need for a new medical model: A challenge for biomedicine. *Science,* (196), 129-136.

FONT, J. (1987). Discernimiento de espíritus. Ensayo de interpretación psicológica. *Manresa,* (159), 127-147.

FONT, J. (1999). Religión, psicopatología y salud mental. Madrid, España: Paidós

FONT, J. (2006). Espiritualitat i salut mental. Una aproximació psicológica. *Quaderns. Fundació Joan Maragall,* (76).

FONT i RODON, J. (2015). Espiritualidad y psicoanálisis. *Temas de Psicoanálisis,* (10).

FONT, J. (2017). Naturalización de la espiritualidad. Pensamiento, 73 (276), 631-647

GARCÍA, J., ALDA, M. (2005). Salud mental e inmigración. Madrid, España: Edika-Med

GEORGIADES, S. (2016). Christian Faith as a Resiliency Factor in Coping with Immigration and Unemployment: Mental Health Implications. *Journal of Spirituality in Mental Health,* 18 (1), 24-42

GÓMEZ, E.I. (2012). Espiritualidad y desplazamiento: consideraciones para los estudios de migración. *Theologica Xaveriana,* 62 (173), 61-84

GONZÁLEZ, V. (2005). El duelo migratorio. *Trabajo Social*, (7), 77-97

HAGAN J., EBAUGH H. (2010). Calling upon the Sacred: Migrants' Use of Religion in the Migration Process. *International Migration Review*, 37, (4) 1145-1162

LEFEBRE, S., TORRES, A., BINGEMER, M.C. (eds.), (2010). ¿Ateos de qué Dios? *Revista Internacional de Teología, Concilium*, (337)

MARTÍ, J.D. (2013). Espiritualidad cristiana en el mundo actual. *Pensamiento, 69* (261), 601-621

NOGUÉS, R.M. (2011). Dioses, creencias y neuronas. Una aproximación científica a la religión. Barcelona, España: Fragmenta.

PONS, Q. (2002). El meu veí Hassan. Tres aproximacions al fenomen de la immigració. *Quaderns de Cristianisme i Justícia*, (114)

RUBIA, F. J. (2004). La conexión divina. La experiencia mística y la neurobiología. Barcelona, España: Crítica.

ONFRAY, M. (2006). Tratado de ateología, Barcelona, España: Anagrama

PARSONS, M. (2010). Psicoanálisis y religión en el siglo XXI ¿Competidores o colaboradores? Barcelona, España: Herder

QURESHI, A., COLLAZOS, F., RAMO, M., CASAS, M. (2012). Aculturación y espiritualidad. *Actas Españolas de Psiquiatría, 40* (supl. 2), 21-28

SAGALÉS, Ll. (2009). El viaje espiritual: encuentro con Dios y experiencia con uno mismo. *Sal Terrae, 97* (1140), 885-895.

SEAGAL, H. (1975). Introducción a la obra de Melanie Klein. Buenos Aires, Argentina: Paidós.

SHAFRANSKE, E. P., GORSUCH, R. L. (1984). Factors associated with the perception of spirituality in psychotherapy. *Journal of Transpersonal Psychology*, (16), 231-241.

KLEIN, M. (1975) «Principios psicológicos del análisis infantil» en Klein,M. *Obras completas*, Tomo II. Buenos Aires: Paidós

TIZÓN, J.L; *et. al.* (1993). Migraciones y salud mental. Barcelona, España: PPU

TIZÓN, J.L. (2007). Psicoanálisis: procesos de duelo y psicosis. Barcelona, España: Herder.

TIZÓN, J.L. (2013). Pérdida, pena, duelo. Barcelona, España: Herder

http://www.phit.ub.edu

MARIA-NÚRIA RIBERA

Psicóloga especialista en Psicología Clínica – Psicoterapeuta. Universidad Central de Barcelona, promoción 1977-1982. Miembro de la Asociación Internacional de Estudios Medico Psicológicos y de las Religiones AIEMPR desde enero del 2008. Presidenta de AIEMPR España desde marzo del 2018. Desde mayo del 2018 hasta la actualidad, como profesional voluntaria en el SADOF (Secretariado diocesano de Pastoral Familiar) del Arzobispado de Barcelona. Ejerciendo la profesión en centros de salud mental públicos y privados, así como en la propia consulta privada. Realizando tratamientos individuales, en parejas, familias y grupos. Participando en trabajos de investigación, docencia y publicaciones. Colegiada por el Colegio Oficial de Psicólogos de Cataluña con el n.00543.

LA EXPULSIÓN DE LO DISTINTO

MARINA GÓMEZ PRIETO

INTRODUCCIÓN SITUACIÓN ACTUAL DE NUESTRA REALIDAD.

Basta con mirar las noticias que nos llegan tanto nacionales como internacionales para verificar que nuestro mundo se ha convertido en un continuo peregrinar, no ya como el pueblo judío en búsqueda de la tierra prometidas, sino como una huida del dolor, la agresión y la muerte que los acecha en la propia tierra.

Las guerras destrozan los países y a su gente por un supuesto poder Como si se buscara la igualación del mundo, sus ideas, sus intereses.

Todo esto ocurre a un nivel internacional, pero en la realidad cotidiana de cada individuo ante la inseguridad que provoca lo que sucede constatamos que las fronteras se cierran, el individualismo se torna cada día más frecuente, llevando a la persona a meterse en la propia realidad: nuestros intereses, nuestros gustos y necesidades en una búsqueda de satisfacción inmediata dejando lo que ocurre fuera. Tal vez el pensamiento trasuntado en acción sería «solo lo mío es importante».

Aquí se alude al tema de lo distinto., del distinto del montón, que trae aparejado el rechazo, la segregación, la expulsión en todos los ángulos posibles: personal, familiar, social, religioso.

Nos preguntamos el porqué de este rechazo tan visceral a veces y tan solapado otras.

Al referirme al rechazo y expulsión de lo distinto aludo no solo a las migraciones forzadas por las circunstancias sino también a las migraciones interiores, ese apartarnos de quienes nos rodean

CARACTERÍSTICAS PERSONALES Y SOCIALES: EN LA BÚSQUEDA DE LO IGUAL.

«Los tiempos en que existía el otro se han ido», afirma Byung Chul Han.
«El otro como amigo, como deseo, como infierno va desapareciendo dando paso a lo igual.»
La expulsión de lo distinto pone en marcha un proceso destructivo que lleva a la depresión y la autodestrucción.

Lo mismo es algo amorfo. La interconexión total no favorece el encuentro con el otro, nos arroja a nuestra propia igualdad, a nuestra propia mismidad. Por ejemplo, el *clickear* ME GUSTA hace que me encuentre con mis iguales, cerrándome a la experiencia de transitar lo distinto.

Hoy la red se ha convertido en un medio donde se ha eliminado toda alteridad. La comunicación global acepta a más iguales o a otros con tal que sean iguales en cuanto a la apreciación de la circunstancia.

Lo propio de lo digital es la falta de distancia, todo está igual de lejos que de cerca.

La proliferación de lo igual es una realidad en la que solo se trasparenta el vacío y la falta de sentido.

NARCISISMO

¿Cómo se digieren las noticias de lo que ocurre en otras partes del mundo o en nuestro entorno?

No se observan reacciones de compromiso o preocupación respecto de la realidad. pero el envío de información continúa como si nada afuera ocurriera. ¿Cabe preguntarse entonces si es que se detecta que hay un afuera…?

En la sociedad se habla mucho de autenticidad dando a entender por tal la independencia de pautas establecidas desde fuera (normas o leyes a cumplir) pues son vivenciadas como presiones o imposiciones.

Se emplea el aforismo» ser auténtico es igual a ser igual solo a uno mismo.» Esta actitud lleva a una atención y presión constante sobre sí mismo que conduce a una coerción narcicística.

El narcisista sólo percibe el mundo a través de sus propios matices, de modo que el otro desaparece. La frontera entre ambos se diluye. El yo se ahoga en sí mismo.

Se da una auto-referencia excesiva y narcisista que genera una sensación de vacío. La energía libidinal se repliega sobre sí mismo, por carencia de objetos externos, apareciendo el vacío y la falta de sentido. Lo que Viktor Frankl llamaría una «depresión noógena».

No logra entrar en contacto con otro real por falta de empatía. Necesita reforzar su autoestima, pero por las dificultades en vincularse satisfactoriamente no puede captar que los demás lo reconocen y lo aman. Encapsulado en sí mismo pierde toda relación con lo distinto.

Por ejemplo, la adición a las selfis es la puesta en marcha en el vacío de un yo narcisista que se ha quedado solo. Las selfis con la manifestación de un yo vaciado que se siente inseguro.

Siguiendo a Kohut y Wolf podemos sintetizar el cuadro narcisista en dos grupos distintos, que pertenecen al espectro de narcisismo patológico:

1) Personalidades hambrientas de fusión: necesitan controlar los objetos sobre los cuales han depositado su libido. Experimentan al otro como su propio *self.* Con una estructura yoica muy frágil que necesitan la presencia permanente del objeto para funcionar. Tienen poca capacidad para diferenciar sus propios pensamientos, deseos e intenciones de los del objeto del *self.*

2) Personalidades que evitan el contacto: no por indiferencia hacia los otros sino porque la necesidad de los demás es vivida como muy intensa y teman ser absorbidos y destruidos por la tan anhelada unión.

EL NARCISISMO Y LAS REDES

Existe una consustanciación entre estas personalidades narcisistas y el manejo y uso de las redes que se alimentan mutuamente. Me refiero a la hipercomunicación, el exceso de información, la sobreproducción y el hiperconsumismo.

Heidegger diría que la atormenta digital de datos e informaciones nos hacen sordos ante el callado retumbar de la verdad.

Con internet obviamos el pasaje de un umbral de la realidad al umbral cibernético evitando el enfrentamiento con la doloros0 de la vida, mirándola desde una pantalla desafectivizado, pero nos deja indefensos al captarnos perdiendo la distancia protectora que nos presenta la realidad.

Nos sometemos a redes sociales que nos despojan de todo, Las relaciones son reemplazadas por las conexiones. No tendrá relación esta situación con lo que Albert Camus describe en El Extranjero cuando afirma que «el hombre es un extraño en el mundo, entre los hombres y también extraño para sí mismo.»

Percibimos como conclusión que todos somos extranjeros en este mundo, unidos con otros iguales para destruir a lo distinto, según esta descripción.

El elemento digital es aún más perfecto que la apercepción óptica ya que es un medio sin mirada, no necesita del otro humano, además de trabajar

sin perspectiva pues somos mirados y observados desde todos los ángulos posibles, pero la persona vivencia distinta esta mirada y este control como que no existiera y la persona se siente libre de desnudarse voluntariamente.

De la red obtengo información, pero para ello no tengo que dirigirme a ningún interlocutor personal.

En la comunidad del ME GUSTA uno se encuentra con la comunicación que me conecta, pero a la vez me aísla. Aquí tampoco es posible ningún discurso. Internet no se caracteriza por permitir un encuentro con otro.

LA SOCIEDAD SIN DIOS

La persona que vive aislado en sí mismo tiene dificultades para captar la presencia del otro y con mayor motivo de un Otro.

Viktor Frankl sostenía que no daba de alta a ningún paciente que no hubiera llegado a un mínimo grado de trascendencia, es decir, el reconocimiento de otro, por medio del alejamiento de sí mismo lo que le permite mayor objetividad (distanciamiento).

De acuerdo con lo expuesto a nivel personal y social la utilización de las redes favorece la indiferencia ante lo sagrado. La idea de Dios sería como lo distinto a lo que se da en esta sociedad que enfatiza y reafirma lo igual a sí mismo.

Si hacemos un poco de historia podemos observar que mientras el hombre, en todos los tiempos trataba de olvidarse de Dios este mismo Dios seguía sosteniendo a su pueblo elegido ya sea enviándole emisarios como los profetas, ayudándolos cuando estaban en guerra con los pueblos vecinos o protegiéndolos en su huida de Egipto en el cruce del Mar Rojo.

Esta actitud se repite en el Nuevo Testamento en la Encarnación de Jesús, con su muerte y resurrección viene a reconciliarnos con Dios Padre asegurándonos la vida eterna para todos los que creamos en El.

Jn. 4.9-10 «En esto se mostró el amor de Dios para cono nosotros, en que Dios envió a su Hijo Unigénito al mundo para que vivamos como Él.»

PROPUESTAS ANTE LA REALIDAD DEL RECHAZO AL DISTINTO

Byung Chun Ham pronostica que en el futuro habrá una nueva profesión: la del escucha, ya que hoy estamos perdiendo cada vez más la capacidad de escuchar.

Esta dificultad de escucha hunde sus raíces en las tendencias narcisísticas en aumento día a día.

ESCUCHAR no es un acto pasivo. Presupone primero dar la bienvenida al otro: la acogida. Es decir, reconocerlo como un alter ego.

ESCUCHAR es un don que le ayuda al otro a hablar y liberarse mediante la palabra.

Presupone: hospitalidad, empatía, paciencia, actitud permisiva (no directiva), no emitir juicios sobre lo escuchado, ponerse a merced del que habla. Según San Benito el huésped que llega al monasterio debe ser acogido como otro Cristo.

Sin la presencia del otro la comunicación degenera en información; entonces ya no es una comunicación sino una simple conexión.

Sin vecindad o cercanía no hay escucha. La escucha favorece la formación de una comunidad. La escucha reconcilia, sana y redime. La sociedad actual es sorda, sin capacidad para escuchar a los otros gracias a las redes sociales que nos acaparan en una individualidad narcisista.

Es necesario descubrir el propio tiempo (del oyente) pero sobre todo el tiempo del otro, lo cual implica salir de sí, es decir el reconocimiento de otro y de otro.

Pensemos cuantas similitudes existen entre estas apreciaciones y nuestra tarea terapéutica cotidiana. Tal vez nuestra misión consista en ser los distintos y despertar lo distinto que existe en cada uno de los que buscan nuestra ayuda y orientación para intentar revertir el proceso., es decir la toma de conciencia de nuestro ser en el mundo.

Bibliografía

Camus, Albert (1942) El extranjero. París.

Dominguez Morano, Carlos (2000) Psicoanálisis y Religión. Edit. Trotta. España

Frankl, Vktor (2007) La Presencia Ignorada de Dios. Edit. Herder.

España, (1983) El Hombre Doliente. Fundamentos antropológicos de la psicoterapia. Herder. España

Ham, Byung Chul (2017). La Expulsión de lo distinto.Edit. Herder. España (2018) la Agonía del Eros. Edit. Herder. España

Kohut, H. (1971) Análisis del Self. Tratamiento psicoanalítico de los trastornos de personalidad. Edit. Amorrrortu. Bs. Aires.

Kohut, H (1971) La Restauración del Sí Mismo. Edit. Paidos. Barcelona

Rizzutto, A, Ma. (2006) El Nacimiento del Dios VIvo, Un estudio psicoanalítico. Edit. Trotta. España.

MARINA GÓMEZ PRIETO

Dra. Marina B. Gómez Prieto.
Lic. en Psicología. Médica psiquiatra.
Profesora Universitaria en Ciencias Médicas.
Jefa de Servicio del Hospital Psiquiátrico José T. Borda.
Ex-directora del Postgrado en Psicología Clínica.
de la Pontificia Universidad católica Argentina.

VETE DE TU TIERRA... Y TODAS LAS FAMILIAS DE LA TIERRA SERÁN BENDITAS A TRAVÉS DE TI

KATYA COLMENARES LIZÁRRAGA

«El Señor le dijo a Abram: **Vete de tu tierra**, *de entre tus parientes y de la casa de tu padre, a la tierra que Yo te mostraré. Y haré de ti una gran nación, y te bendeciré, y engrandeceré tu nombre, y tú serás una bendición. Bendeciré a todos aquellos que te bendigan, y al que te maldiga Yo maldeciré. Y todas las familias de la tierra serán benditas a través de ti.*

El ser humano es migrante desde sus orígenes. Pero más aún, la necesidad de migrar no es un fenómeno privativo del ser humano, infinidad de semillas y animales emprenden camino de las maneras más variadas para garantizar su sobrevivencia. La vida migra porque quiere vivir y en ese movimiento garantiza su permanencia, porque lo fundamental no es permanecer en el espacio, sino permanecer en la vida.

En el caso del ser humano se trata de lograr condiciones dignas para reproducir la vida *como ser humano* y esto es muy importante, porque el ser humano satisface sus necesidades, no de manera biológica o fisiológica, sino *humanamente*; las necesidades de su vida son *humanas*. Aunque éstas sean incluso del estómago o de la corporalidad, siempre las satisfacemos cultural, histórica y espiritualmente. Por eso no nos alimentamos de modo directo de lo que brinda la naturaleza, sino que tomamos aquello que produce la naturaleza y lo transformamos para consumirlo humanamente, esto es, con cultura, con historia, con valores, con sentido. De hecho, cuando el ser humano es conminado a cumplir sus necesidades fisiológicas no humanamente, entonces se sabe humillado y negado, queda insatisfecho en su humanidad.

I. LA MIGRACIÓN COMO BENDICIÓN

El ser humano migra buscando no sólo medios de consumo, sino buscando un sueño, buscando la Tierra en la cual sea posible tener una *vida humana plena, digna.* ¿Qué significa esto? El ser humano busca una tierra en la que el trabajo no sólo produzca su fruto y pueda gozarse. La condición humana no se colma en la autorreproducción de la vida singular; por eso el migrante sueña ser bendición y esto quiere decir, que sueña ser bastión de la reproducción de la vida de su comunidad a través del ejercicio de su trabajo.

El migrante sueña convertirse en bendición, lo que no sabe es que en su condición de recién llegado ya tiene consigo una bendición muy particular porque lleva una voluntad de vida renovada que no tiene el nativo. La mirada del que llega contempla la nueva Tierra no en tanto lo que ésta es, sino en sus posibilidades, la mirada del que llega lanza el presente en la construcción de una realidad nueva, por eso la presencia del migrante enriquece y pone en perspectiva el orden existente.

A) EL TRABAJO HUMANO

El trabajo es condición humana y producción de vida cultural. El trabajo pone en movimiento al ser humano como tal, porque en su esencia el trabajo no implica solamente un movimiento mecánico, sino que, aunque ciertamente incluye actividad corporal y fisiológica, conlleva también, al mismo tiempo y de manera inmediata, una actividad subjetiva-espiritual. El trabajo es una actividad orientada a satisfacer una necesidad y se realiza siempre con conocimiento, con cultura, con ideales, con conceptos, con aspiraciones, con valores, de manera que el movimiento corporal está cargado del contenido de la subjetividad del trabajador.

A través del trabajo, el ser humano se transforma y se desarrolla porque el trabajo es actividad de su contenido subjetivo a través del movimiento objetivo de su corporalidad.

El *desgaste* que sufre el obrero a través del *trabajo humano* —nótese que no nos referimos todavía al trabajo capitalista, sino al trabajo como actividad humana— *es puramente físico*, porque el obrero no se deshumaniza en el trabajo, sino que por el contrario se desarrolla, despliega sus capacidades y se constituye en un ser humano pleno. *El trabajo humano es una actividad que humaniza al ser humano*, en el sentido de que le permite desarrollarse como tal, pues a través de éste reproduce su vida inmediata y amplía sus conocimientos y habilidades, al mismo tiempo que contribuye a la reproducción de la vida y del conocimiento de su comunidad. En este sentido, este tipo de trabajo le permite re-encontrarse y reconocerse a sí mismo en su relación con su entorno y con su comunidad.

El ser humano no solamente es capaz de producir cada día los medios de subsistencia necesarios para reproducir cotidianamente su fuerza de trabajo, sino que tiene la capacidad de producir más valor del que efectivamente necesita para reponerla. Esto es, el ser humano puede producir un excedente más allá de lo que requiere para la reproducción inmediata de su fuerza de trabajo.

Esto significa que hay una diferencia entre el valor de la fuerza de trabajo y el valor efectivo que el ser humano *puede* producir en una jornada laboral, no son equivalentes: más allá de la producción del valor de su fuerza de trabajo, el ser humano puede producir un valor excedente. Dicho excedente no resulta algo trivial o vano para la vida del ser humano, sino que por el contrario podría considerarse lo más fundamental para su desarrollo como humano, porque precisamente el excedente le permite desplegar su existencia mucho más allá de la simple reproducción de su fuerza de trabajo, de manera que el ser humano pueda *concebirse* a sí mismo, más allá de sus necesidades físicas inmediatas, además de que le asegura las condiciones materiales para un desarrollo cultural, espiritual pleno y creciente. El excedente le brinda al ser humano la estabilidad existencial necesaria para proyectar su forma de vida y su forma de producción y reproducción a nuevos niveles de desarrollo, alejándose de la simple sobrevivencia. De hecho, podríamos decir que precisamente dicho excedente constituye la clave para comprender la historia de la humanidad, pues gracias a éste es que las comunidades humanas pudieron crecer y desarrollar complejas culturas y sistemas de conocimiento y de vida en todo el mundo.

B) AMARÁS AL MIGRANTE PORQUE TÚ ERES ÉL

«Como un nativo entre vosotros os ha de ser el extranjero
que morare con vosotros, y le amarás porque tú eres él,
porque extranjeros fuisteis en la tierra de Egipto;
Yo soy el Eterno, vuestro Señor».
(Levítico 19:34)

A lo largo de la historia y en la profunda variedad de la diversidad cultural de nuestro mundo, la presencia del extranjero ha tenido múltiples interpretaciones. Podríamos distinguir de manera esquemática, solamente los dos opuestos: en primer lugar, la posición ontológica del nativo, representada de manera cabal por la cultura griega, que sostenía una perspectiva autocentrada y por tanto profundamente *xenófoba*, en donde «extranjero» era sinónimo de bárbaro, atrasado y salvaje. En oposición, las culturas semitas, culturas del pastoreo, nómadas del desierto, tienen la extranjeridad como experiencia constitutiva, definitoria de su propia subjetividad. Para el semita, el extranjero no es solamente el otro que viene de fuera, sino que es él mismo en la vulnerabilidad de su vida peregrina. La vida del desierto produce necesariamente una ética de la solidaridad con el ajeno, porque se sabe que la vida propia no se garantiza con las propias fuerzas, la vida propia es una donación impagable en donde el milagro de la gratuidad y la buena acogida son parte de la vida cotidiana, eso exige de cada uno la misma actitud, el estar continuamente llamados a la apertura y responsabilidad para con el otro, porque el llamado a la vida es el llamado a ser «siervo».

¿Cuál es la diferencia entre ambas concepciones? En el caso de los griegos el criterio de acción está puesto en garantizar la continuidad de las instituciones, en el caso de los semitas el criterio está puesto en garantizar la vida singular de cada ser humano.[103] Es cierto que las instituciones en última instancia constituyen acuerdos en función de desarrollar la vida de una determinada comunidad, pero precisamente por ello hay una tendencia a cerrar el horizonte y ver al extranjero como amenaza ante la institucionalidad lograda.

Desde el Libro de los muertos que establece la justicia con el extranjero como criterio de bondad, pasando por el mandamiento de considerar como nativo al extranjero en el Levítico, Jesús reivindica la extranjeridad como criterio, se trata de una extranjeridad constitutiva con respecto a la mundanidad del mundo: «Mi reino –dice Jesús– no es de este mundo» (Jn, 18:36). Si mi reino no es de este mundo es porque soy extranjero y estoy de camino a una tierra que no se encuentra de modo definitivo en esta vida. Esta condición de extranjeridad permite una distancia crítica frente al orden existente desde un criterio claro que precisamente al no identificarse con ningún producto mundano, abre la posibilidad de trascender lo dado desde la fidelidad a la construcción de un reino que no existe todavía.

En esa identidad con Jesús a la que está llamado el cristiano debe saber que en esencia está llamado a mantener esa distancia crítica con

---

103 Es un universalismo concreto, porque cada ser humano de carne y hueso es fin en sí mismo y al mismo tiempo es representación de la humanidad **como tal**.

el mundo y a amar a ese extranjero. Pero es muy importante poner de relieve que el llamado es a amar al extranjero como extranjero, amarlo en su distinción, no para convertirlo en prosélito, sino para darle una buena acogida a ese otro mundo que él representa. Lo amarás como otro, porque en el fondo todos somos otros, todos somos migrantes.

II. LA MIGRACIÓN COMO MALDICIÓN

En el siglo XXI vivimos una migración desesperada, una migración que más que buscar la vida huye de la muerte. La vida se ha vuelto un infierno, un infierno de pobreza, de sequías, de violencia, de guerra, de despojo, el migrante de hoy es *pobreza absoluta*, pero es humano y sueña, sueña la vida, no se conforma con la muerte y se debate entre la tierra que ama y el desierto de la sociedad moderna que le espera al salir de su comunidad de vida.

El migrante sale al mundo capitalista y su sueño... se convierte en pesadilla.

A) EL TRABAJO DESHUMANIZANTE

Fuera de su tierra, el migrante pende de la gratuidad que pueda encontrar de camino a la Tierra prometida, los destinos anhelados generalmente son los países de primer mundo, países industrializados que manan leche y miel, pero sólo para quien pueda comprarlos. El migrante es un paria de la sociedad moderna, sociedad que ha hecho suya la concepción griega del extranjero, pero no para cualquier extranjero, sino para el caso específico del llamado «migrante» que encarna la *pobreza absoluta*.

La industrialización de la producción masiva está ávida de manos y le abre las puertas al migrante como única oportunidad de ingresar al festín del capital, lo que el migrante no sabe es que él será el plato principal.

El trabajo dentro del capitalismo, contrariamente al desarrollo del ser humano, implica directamente sacrificio, porque el capital se sirve del trabajo, pero no para reproducir la vida de la comunidad, sino para reproducirse a sí mismo como capital, para ello instrumentaliza al ser humano reduciéndolo a pura fuerza de trabajo. Ahora bien, el capital no solamente ha sido capaz de expropiar el excedente que el ser humano produce a través del trabajo, sino que gracias al desarrollo de las fuerzas productivas que ha producido a través de la industrialización, el capital ha logrado reducir al mínimo el tiempo de trabajo necesario para reproducir el valor de la fuerza de trabajo, por lo que la mayor parte de la jornada de trabajo del obrero es producción de excedente que irá a las manos del capitalista como «ganancia». Dicho en otras palabras, el desarrollo de la industria ha hecho más efectiva la expoliación del obrero, pues éste cada vez necesita dedicar menos tiempo para producir el equivalente del valor que recibe como salario e invierte más tiempo en producir plusvalor de manera gratuita para el capital.

En el trabajo capitalista, el obrero también objetiva su vida humana en el producto de su trabajo, sin embargo la va perdiendo en dos sentidos, primero porque al ser despojado del valor que ha producido y no poder gozar de él, va perdiendo su contenido subjetivo y la oportunidad de desplegar sus posibilidades como ser humano, y segundo, porque la mecanización cada vez más especializada del trabajo, va requiriendo que el ser humano despliegue menos capacidades, reduciéndolo al extremo de convertirlo en mera palanca de propulsión, lo que ocasiona finalmente el atrofio de sus capacidades físicas y subjetivas.[104] Esto significa que en el trabajo capitalista hay una tendencia a embrutecer al ser humano para que de ese modo produzca con menos valor y el valor de su trabajo pueda reproducirse con mayor rapidez y rendirle mayor ganancia al capitalista.[105]

Para el capital el ser humano es una mediación, no un fin, de ahí que se relacione con él en términos de objeto; como si éste fuese una mercancía dedicada a la producción de otras mercancías. Por ello durante el tiempo de la jornada de trabajo, el capital hace todo lo posible por sacarle el mayor provecho al obrero en la producción de plusvalor.

Esta relación desencadena un proceso siempre creciente de deshumanización o negación del ser humano.

La deshumanización comienza cuando el ser humano ya no puede desarrollarse plenamente como ser humano al serle sustraído el excedente que produce, pue el goce de dicho excedente le daba el margen de crecimiento necesario para la expansión de su subjetividad y humanidad. Pero

---

104 Marx, *El Capital*, p. 312 nota 98; *et passim*.

105 "La desvalorización relativa (*relative Entwerhung*) de la fuerza del trabajo a causa de la supresión o mengua de los costos de aprendizaje, implica directamente una mayor valorización del capital, pues todo lo que reduce el tiempo necesario para la reproducción de la fuerza de trabajo expande los dominios del plustrabajo (*Mehrarbeit*)". Marx, *Ibíd.*, I,/2, p. 427; MEGA, p. 345/26-27- p. 346/1-3.

esto es sólo el principio, porque poco a poco el capital se las ingeniará para ir despojando cada vez más al trabajador del valor que produce, hasta que literalmente lo convertirá en pura fuerza de trabajo. El obrero verá reducida toda su vida y actividad a producir para el capital a cambio de un salario que apenas le permite reponer la fuerza de su corporalidad desgastada para estar en condiciones de volverla a objetivar al día siguiente en una nueva jornada laboral. A medida que el capital va reproduciéndose y desarrollándose, el ser humano va *desrealizándose* en la misma proporción. Lo que quiere decir que el trabajo dentro del modo de producción capitalista, contrariamente a contribuir al despliegue de las capacidades, posibilidades y alcances del ser humano, va negándolo como humano.

B) EL SUEÑO SE CONVIERTE EN PESADILLA

El migrante, en tanto pobreza absoluta, sólo ingresa a la fiesta del capital si se ofrece a sí mismo como plato principal, pero entonces al terminar la fiesta, no sólo vuelve a casa debilitado y sin fuerzas, vuelve transformado. Comprende que la única salida para evitar ser devorado es lograr sentarse a la mesa y ser comensal. La sociedad moderna, le enseña al migrante que en su seno no hay lugar para sueños, que la realidad es una pesadilla en donde lo único que nos queda es luchar unos contra otros, en donde cada uno busca situarse en el último eslabón de la cadena alimenticia.

La vida dentro de la sociedad moderna es entonces una escuela que reeduca al migrante, reconstruye su subjetividad desde el individualismo, cuando es exitosa le extirpa sus lazos comunitarios y lo prepara para la guerra sin trinchera.

El sueño se convierte en pesadilla porque ya no hay lugar para sueños, la Tierra prometida es apenas un lugar que en el mejor de los casos permite la sobrevivencia, las perspectivas para una vida humana plena y digna se miden en dólares. Lo que no hace sino contradecir el contenido verdadero de una vida humana plena y digna, porque la vida es cualidad, no cantidad.

El migrante del siglo XXI está llamado a asimilarse, a ser prosélito, a dejar de ser migrante para ser aceptado, y comienza rápidamente un proceso de blanqueamiento y de aculturación. Transita de ser migrante a ser nativo a través de un olvido sistemático de sus orígenes, olvida que fue migrante cuando ve a la distancia un recién llegado y lo llama «migrante» para distraer la atención. Él ya no se ve a sí mismo como migrante, es nativo, la prueba es que ha perdido el sueño y está dispuesto a mostrarle al nuevo migrante que, para entrar a la fiesta del capital, deberá ofrecerse como sacrificio supremo.

III. PALABRAS FINALES

Debemos tener consciencia que el capitalismo no solo necesita condenar la migración para poder incorporarla por la puerta trasera en las peores condiciones de trabajo, sino que necesita producirla. Necesita producir pobres de manera sistemática, pero no cualquier pobre, necesita producir el pobre absoluto, esto es, el pobre que pierde hasta la comunidad, porque precisamente ese tipo de pobre es el que puede ofrecerse sin reparos.

El capital ha impuesto un proceso de globalización en el que pareciera que se quebrasen las fronteras, pero no es así, se globaliza el capital y fluyen las mercancías libremente, ellas sí son libres de ir hasta el último rincón del mundo. Los seres humanos no.

Pero recordemos que la vida migra, el capital va contra la vida.

Quien sea originario que arroje la primera piedra. Migrantes somos todos y los cinco continentes son las tierras de nuestras peregrinaciones.

KATYA COLMENARES LIZÁRRAGA

Mexicana, doctora en Humanidades con especialidad en Filosofía política por la Universidad Autónoma Metropolitana (UAM-I), en el 2012 realizó una estancia de investigación doctoral en la Humboldt *Universität zu Berlin*, Alemania. Tiene un posdoctorado en el Posgrado de Estudios Latinoamericanos de la UNAM bajo la investigación «Descolonización y construcción crítica de las instituciones en América Latina». Actualmente es Responsable de Planes y Programas académicos en el Instituto Nacional de Formación Política del Partido Movimiento de Regeneración Nacional (MORENA). Fue directora de la Licenciatura en Filosofía (2017-2019) y Directora de la Maestría en Filosofía y Crítica de la Cultura (2019-2020) en la Universidad Intercontinental en la Ciudad de México. Ha dictado cursos en la Facultad de Filosofía y Letras de la UNAM (2007, 2011), en el Instituto Politécnico Nacional, México (2012), en la Universidad Mayor de San Andrés en Bolivia (2009), en la Maestría de Teoría Crítica del Posgrado de Ciencias del Desarrollo, CIDES-Bolivia (2016), entre otras. Es autora del libro *Hacia una ciencia de la lógica de la liberación. Elementos para una crítica de la razón trans-ontológica* en la Editorial Autodeterminación/La muela del Diablo, Bolivia, 2015.

LA «ESCISIÓN» EN EL PROCESO DE CONSTRUCCIÓN DEL «EXTRANJERO». REFLEXIONES PSICOANALÍTICAS

SALVATORE ZIPPARRI

1. Antes de exponer mis consideraciones sobre el problema de *«Migrantes, extranjeros y refugiados. Habitantes de la casa común»*, sobre el cual fuimos invitados a reflexionar por el presidente Francisco Xavier Sánchez Hernández en vista de la organización de este XXI Congreso AIEMPR, me gustaría describir el camino que me ha llevado, desde la posición específica de mis habilidades psico-clínicas y psicoanalíticas, a elaborar esta mi contribución. A raíz de las solicitudes de la reflexión propuesta por Francisco sobre los migrantes, y en paralelo a este congreso, me encontré organizando como delegado Nacional del «Grupo Italiano» de la AIEMPR una conferencia nacional sobre las *«Fronteras»* celebrada en Roma el pasado febrero que, por más de un aspecto, se ha situado en una continuidad temática directa con este XXI Congreso Internacional. El problema de los *cierres de fronteras*, de hecho, está en la agenda de las recientes políticas soberanas que se han desarrollado en los últimos tiempos, aumentando gradualmente su tendencia general a dejar de aceptar a los migrantes, dejándolos más allá de una barrera insuperable más o menos metafórica. ¡Pero el concepto de límite, en sí mismo, no expresa necesariamente un rechazo del otro! Por el contrario, si pensamos en el límite corporal representado por nuestra piel (el psicoanalista Didier Anzieu habló de *«ego-piel»*) consideramos evidente que nuestro margen exterior representa, en cambio, una membrana de contacto real que necesitamos para interactuar con el mundo externo y, sobre todo, con otros seres humanos (el encuentro de los cuerpos de los dos amantes entrelazados durante la relación sexual es un ejemplo particularmente vívido de esto, ¡pero no es el único ni el uno!). Solo cuando este límite, originalmente permeable y flexible, se solidifica y se endurece, y se petrifica hasta que se convierte en un verdadero *«muro»*, el concepto adquiere connotaciones expulsivas, repulsivas y, en última instancia, drástica e irreparablemente *separativas*. Pero este proceso

de *ruptura* brusca entre las partes que originalmente se comunicaban pero que terminan perdiendo su capacidad de intercambio e integración es bien conocido en psicoanálisis: cuando ocurre en la mente individual este mecanismo de defensa se llama *escisión*. Es una reacción psíquica defensiva extremadamente arcaica y primitiva que caracteriza la *posición esquizo-paranoica* teorizada por Melanie Klein y en la que un objeto originalmente unitario (la madre, el pecho, etc.) se divide en dos partes distintas en las que se fusionan, por una parte, solo las cualidades positivas y por otro lado, opuesto, solo las negativas (madre buena y madre mala, objeto bueno y objeto malo etc). Uno de los ejemplos literarios y cinematográficos más emblemáticos de esta condición psicopatológica en la que la personalidad se divide en dos partes distintas y separadas, es el caso del Dr. Jeckill y el Mr. Hyde. El intento desesperado del protagonista de esta historia de expulsar de sí mismo todo indicio mínimo de imperfección y maldad, conforme a un ideal irrealizable de pureza, paradójicamente y por el contrario, produce la creación de una figura monstruosa (el Mr. Hyde) tan antitética y distante de la primera a partir de la cual se originó al aparecer ahora sin relación alguna con eso, como el blanco y negro, sin una solución de continuidad y grados intermedios. ¿Es posible suponer que una dinámica similar a la que acabamos de describir también puede operar a nivel social en la «*construcción del extranjero*»? Se trataría de extrapolar y aplicar los datos obtenidos de la clínica psicoanalítica individual a contextos socio-antropológicos más amplios, más articulados y complejos. Pero, en este intento, no faltan precedentes ilustres en la literatura psicoanalítica que parece autorizar en este sentido: Whilelm Reich y su *Psicología de masas del fascismo*, Erich Fromm (*Anatomía de la destructividad humana*), y el mismo Freud, quien en varias ocasiones de su trabajo. recurrió con frecuencia a constructos y teorías maduradas en el estudio del individuo para la comprensión de la psicología de los pueblos (*Totem y tabu, El hombre Moisés y la religión monoteísta,* etc.).

2. Para una curiosa paradoja de la historia, precisamente México que fue en el pasado, con su rica civilización azteca, tierra de invasión por los *conquistadores* españoles comandados por los despiadados Cortés, es hoy para experimentar en primera persona uno de los mayores éxodos masivos de los centroamericanos marchando hacia la *Tierra Prometida* de los USA. Y, con una inversión arbitraria de perspectiva, ¡tendió a transfor-

mar la idea de un pueblo invadido en el de un pueblo de invasores en la percepción más general! Y esta multitud de migrantes que a veces es rechazada brutalmente por los *gringos* estadounidenses en el umbral de una frontera infranqueable es un símbolo, metáfora y paradigma de un fenómeno que hoy concierne universalmente al mundo entero. Porque ahora en todas las latitudes viven masas de individuos que, debido a la desigualdad y la diferencia con las que se distribuyen las posibilidades y los recursos en el planeta, se ven obligados a abandonar la patria y la familia en busca de condiciones económicas más favorables, mayor accesibilidad y calidad de los servicios de salud y educación, situaciones más avanzadas de justicia política y social, etc. ¿Cómo perciben estas personas los que viven en los países de acogida, en cuyos límites estas multitudes humanas tienden a acumularse en busca de un espacio de permeabilidad que les permita la entrada y la integración? Como siempre, los elementos de la realidad se mezclan con prejuicios, fantasmas negativos e ideas preconcebidas. Esto lleva a la creación de un estereotipo, el del «*extranjero*», en cuyo proceso de construcción, como psicoanalistas, podemos ver los mecanismos defensivos de la «*escisión*» descritos a continuación masivamente en acción. Incluso en este caso, el uso por parte de las masas anfitrionas de una defensa psicológica típica de la *posición esquizo-paranoide* termina acentuando excesivamente esas ansiedades persecutorias universalmente vinculadas a la desconfianza del extraño incluso antes de cualquier una forma de costumbre y familiaridad que lleva a transformar las preocupaciones preliminares en evaluaciones objetivas basadas en datos fácticos. ¡El extranjero es percibido «*a priori*» como peligroso! Así comienza ese proceso que lleva a atribuir a aquellos que no conocen todos los contenidos desagradables, inaceptables y temidos: podríamos definirlo como el proceso del «*volverse monstruoso*» del extranjero. La humanidad entera, originalmente percibida como algo unitario e inseparable, se descompone y se divide en dos especies distintas y separadas: por un lado, todos los ideales y valores deseables contribuyen a crear una identidad ganadora y positiva; por el otro, se construye un tipo de especie sub-humana, la del migrante, la del extranjero, en la que se concentran todos los contenidos desagradables, amenazantes y negativos. ¡Pero hay más! Gloria Anzaldúa, poetisa, escritora y socióloga mexicana que falleció en 2004, que en todo su trabajo apoyó el valioso valor de la mezcla de culturas e hibridación, ya que es un híbrido desde un punto de vista étnico y sexual, dedicó observaciones agudas y valioso para comprender los prejuicios con que se mira al migrante y al extranjero. Argumentó que aquellos que, como migrantes, cruzan una frontera, tienden fácilmente a ser percibidos como aquellos que *van más allá de los límites de la normalidad*. Por lo tanto, es fácil para los migrantes, en este sentido y para usar su definición particularmente aguda y sugestiva, ser vistos como *atravesados* (literalmente cruzados, excedidos), habitantes de un lugar donde viven, para usar su propia palabra, *«los malvados, los pervertidos, los taladros, los mulatos, los bastardos, los mestizos, los medios muertos»*. Incidentalmente, notamos que aquí el espíritu maligno del *atravesado* parece cruzar la figura arquetípica del *Errante* (o del *Judío Errante*), siempre caracterizado en un sentido demoníaco. Y, a propósito, observamos que, en muchos idiomas, incluido el italiano, el verbo *errare* tiene el doble significado de vagar sin rumbo, pero también cometer errores, *estar en error*. Y, de hecho, todos los revenentes del reino de los muertos, los espíritus malignos, los perversos expresan simbólicamente precisamente este error que coincide en la superación indebida de un límite que se refiere a lo indiferenciado, lo indistinto y, en última instancia, al terror del *caos*. Eso justo ese terror atávico contra el cual la psique primitiva reacciona al implementar la *escisión*.

3. Desde este punto de vista, la construcción de los muros no solo es una realidad histórica trágica y concreta, que en un proceso de cursos y apelaciones tiende a repetirse (el muro de Berlín, el muro de Gaza y ahora, en la más triste actualidad, entre Estados Unidos y México). Mucho más profundamente, el muro se convierte en un *símbolo* poderoso y emblemático de este mecanismo psicológico drásticamente separativo que es la *escisión*. Es así que una frontera de conexión, un área de intercambio vital y relacional y una membrana permeable, se transforma fuera de metáfora en una pared impenetrable que divide claramente, separa irremediablemente y hace que cualquier forma de integración armoniosa sea virtualmente inaccesible. Pero, en el lado opuesto, también se puede atribuir a este mismo mecanismo de *escisión* la responsabilidad de la idealización extrema con la que el migrante mismo tiende a percibir el objetivo de su aterrizaje, la *Tierra Prometida* a la que anhela llegar un día. Porque él también quizás subyace en el mismo mecanismo de división dicotómica por el cual el país en el que desea hospedarse se percibe como

rico en potencial ilimitado y sin ningún lado oscuro, mientras que los valores de referencia de su propia cultura de origen tienden a ser mal entendidos, rechazados y descartados prematuramente e independientemente, en un proceso de devaluación perjudicial de uno mismo y los orígenes propios que socavan todo narcisismo vital, amor y autoestima esenciales para el mantenimiento de un sentido válido de identidad personal. Por lo tanto, no se permiten medias medidas: todos los positivos se colocan en un lado; toda la negatividad en el otro. Todos los ideales y potenciales del futuro más brillante convergen en la meta de su éxodo en detrimento de sus tradiciones, descuidadas e infravaloradas. Como en una visión maniquea burda, el bien y el mal o los buenos y los malos son distintos y están separados de la manera más simplista e inmadura posible. Y el riesgo, ni siquiera tan remoto, es que todo lo que válido y precioso debe ser preservado al nivel de la propia cultura, termina siendo rechazado cuando no se elimina por completo. Y esto no representa una pérdida solo para los pueblos migrantes que olvidan sus tradiciones y valores, pero también empobrece irreparablemente la parte más receptiva y sensible de las poblaciones anfitrionas, que tendrían todo lo que ganar y nada que perder de un intercambio cultural recíproco, fructífero y rentable. Que durante siglos en la historia siempre ha sido esencial para el crecimiento evolutivo de toda la humanidad. Y ningún otro lugar mejor que México, donde se celebra nuestro XXI Congreso AIEMPR, se presta a reflexionar sobre la pérdida inconmensurable para la cultura humana en su totalidad fue la destrucción por parte de los colonizadores españoles de las civilizaciones Azteca y Maya. Porque, como dijo sabiamente el escritor italiano Italo Calvino: «*Cuando se levantan paredes, debemos pensar en lo que queda fuera. ¡Por qué no se puede excluir a nadie sin ser a su vez excluidos!*».

SALVATORE ZIPPARRI

Salvatore Zipparri es psicólogo clínico y psicoterapeuta de orientación psicoanalítica. Vive y trabaja en Roma (Italia). Actual presidente de AIEMPR - Association Internationale d'Etudes Médico-Psychologiques et Religieuses, fue el director de ambulatorio de psicología clínica de Italian Hospital Group en Guidonia (Roma) y enseñó psicología clínica y psicología del desarrollo en los cursos universitarios de técnico en rehabilitación psiquiátrica en la Universidad Católica de Roma. Ha publicado numerosos artículos científicos de carácter psicológico en revistas especializadas y es autor de los libros «Nel nome del Padre e di Edipo» (sobre la relación entre psicoanálisis y religión) y «Psicoanalisi e Cultura». Recientemente su proprio ensayo sobre «Il riso e il sacro» ha sido publicado.

DORIS. MUJERES MIGRANTES COMO LUGAR TEOLÓGICO

ROSARIO ALFARO

La presente reflexión surge desde la realidad de las mujeres migrantes en México, particularmente de aquellas que llegan a CAFEMIN, que es la Casa de Acogida, Formación y Empoderamiento para Mujeres y Familias Migrantes y Refugiadas ubicada en la Ciudad de México, lugar donde colaboro con las Hermanas Josefinas en el trabajo organizativo. Esta participación y la convivencia con las Hermanas me han dado la oportunidad de conocer el contexto en que mujeres provenientes de diferentes países de Centroamérica y el Caribe, así como de África, llegan a México. Asimismo, he tenido la experiencia de compartir con las Hermanas su trabajo, misión y compromiso como religiosas dedicadas a la atención y cuidado de mujeres, niñas, niños y familias migrantes -la mayoría de paso por nuestro país- con el propósito no solo de atender sus necesidades básicas de hospedaje, alimentación y servicios médicos, sino también de darles la formación y el apoyo humano y espiritual que les permita incorporarse a la sociedad.

Es así como CAFEMIN acoge, brinda capacitación y apoya en el proceso de empoderamiento de las mujeres migrantes y sus familias. El tiempo promedio que residen las personas migrantes en la Casa de Acogida es de tres meses, durante el cual se les ofrece talleres de capacitación para el trabajo como panadería, computación y costura. También cuentan con asesoría psicológica y jurídica para trámites migratorios. Pero, sobre todo, cuentan con el acompañamiento espiritual y la escucha misericordiosa de las Hermanas Josefinas.

Esta reflexión la sitúo en la Ciudad de México, y lejos de ser una investigación socioeconómica y política, sin negar las causas de esta índole que tiene la migración, mi objetivo es hacer un aporte desde la vida de mujeres migrantes, como ese lugar desde donde se quiere releer el Evangelio, como lugar teológico, a la luz de la Teología Feminista liberadora.

He usado el método teológico (llamado también método pastoral): ver, juzgar, actuar. Este método, como sabemos, aparece por primera vez

en la Gaudium et spes (Constitución Pastoral sobre la iglesia en el mundo) del CV II, y es el que sigue el magisterio latinoamericano.

Ver la realidad de las mujeres migrantes en México

La OIM (Organización Internacional para las Migraciones) define como migración al «movimiento de personas que dejan su país de origen o en el que tienen su residencia habitual, para establecerse temporal o permanentemente en otro país distinto al suyo. Estas personas para ello han tenido que atravesar una frontera».

Sin embargo, el concepto general de migración se refiere a múltiples y variadas formas de movilidad humana. La realidad migratoria es un hecho de gran importancia para nuestra sociedad actual, ya que sus motivos y sus consecuencias implican a toda la familia humana. Es una realidad estructural de las sociedades del siglo XXI, y un problema cada vez más complejo, tanto desde el terreno social, como político, económico, cultural, y religioso.

En 1960 se calculaban 75 millones de personas viviendo fuera de su país; para 2013 se calculaban 214 millones de personas. Se proyecta con esta tendencia que para 2050 serán 405 millones de personas migrantes en el mundo (OIM 2010).

Cerca de 105 millones del total de migrantes son trabajadores (hombres y mujeres) migrantes (OIT 2010).

Las mujeres representan el 49% del total de migrantes en el mundo. Y la mayoría de ellas tiende a desplazarse de sur a norte. Sin embargo, ellas han sido poco visibilizadas.

Es hasta nuestros días, y por la feminización de la migración, que se hace un análisis más especializado y se tiene información. Según la OIM, las causas generales de migración femenina son:

Económicas: pobreza, desempleo o empleo mal remunerado, expectativas de cambio de vida y acceso a los beneficios materiales.

Sociales: discriminación y violencia de género, reunificación familiar, analfabetismo, educación mínima, dependientes económicos-abandono, apoyo de redes comunitarias-cultura.

Criminales: crecimiento de delincuencia organizada o inseguridad, deficiencias jurídicas, corrupción.

México es país de origen, destino, tránsito y retorno de migrantes. Y son las personas migrantes en situación irregular el grupo más vulnerable, por estar expuesto a las violaciones de sus derechos y por ser quienes sufren de un nivel elevado de desprotección de estos. Es así como este grupo está expuesto a la violencia generalizada, trata y tráfico de personas, secuestro, abuso sexual, discriminación, entre otros maltratos.

En el caso de las mujeres que se van en migración irregular, algunas de las causas son: las mujeres tienen menos oportunidades que los varones para migrar legalmente porque tienen menos educación, menos información, más dependencia de los traficantes. Las mujeres son más vulnerables que los varones a la violencia y explotación sexual y laboral. Y son ellas quienes más carecen del acceso a servicios básicos en sus países de origen.

Los riesgos que corren las mujeres en migración irregular son, entre otros: violencia física, abuso y coacción sexual, imposibilidad de negociar sexo seguro, embarazos no deseados y enfermedades por contagio de ETS, trata de personas y riesgo de muerte.

La migración irregular tiene una gran cifra negra que el gobierno no quiere aceptar y, por ende, no implementa los servicios de acceso seguro y registro. Es por las organizaciones de la sociedad civil que prestan servicios humanitarios y de apoyo legal que se conoce y se tiene una idea de su conformación y cantidad. La falta de reconocimiento de personalidad jurídica a las mujeres en condición de migración irregular imposibilita su acceso a la salud, a la denuncia de violencia y abusos, a los servicios jurídicos, de registro de bebés nacidos en el país, entre otros derechos.

Es por todas estas carencias en los servicios del estado que las organizaciones de la sociedad civil llamadas albergues, casa de acogida, refugios y tantas otras han tenido que salir a atender en solidaridad a las personas migrantes en México. En palabras de Juan Rulfo... para decirles que no las maten...

A CAFEMIN llegan mujeres solas, con hijas e hijos, adolescentes, familias, y cada vez más niños no acompañados. Algunas personas migrantes llegan directo a la Casa, ya que hay gente que trae los datos proporcionados por familiares o conocidos que han estado en ella, o bien porque entre dichas personas saben que existe la Casa y pueden acudir si necesitan albergue. Otras son referidas por las estaciones migratorias de SEGOB o por otras organizaciones, o bien por otras congregaciones.

Yo me voy a referir particularmente al caso de las mujeres, y para ello les contaré brevemente sobre una adolescente. Ella llegó al albergue por primera vez en 2015, a los 14 años, proveniente de Honduras. Fue canalizada por una organización que la sacó de la estación migratoria por ser menor de edad. Llegó con claras muestras de violencia y venía en busca de una tía. Rechazada por su madre y abusada por su padrastro, buscó ayuda con su tía, que había migrado a EE. UU., más no llegó allá. En CAFEMIN se le acogió y se les dio acceso a servicios de salud, física y psicológica, y de igual manera se le dio acompañamiento espiritual para sanar las profundas heridas emocionales que traía. Poco a poco salieron sus dolores y surgió su gusto por la lectura: iba a terapia y leía. Dada su endeble salud psiquiátrica permaneció más tiempo del habitual en la Casa. Su tratamiento lo requería, pues incluso había intentado suicidarse. Era muy querida por las Hermanas, quienes le celebraron sus quince años con gran alegría. Ya era de la familia. Quería estudiar medicina y escribir su vida, le gustaba escribir poesía. Pero un día no regresó de su cita médica. La buscaron por todos lados y denunciaron su desaparición, pero parecía que a nadie le importara tal averiguación. Pasaron los meses y las Hermanas insistían; movieron cielo, mar y tierra para encontrarla. Buscaron citas con funcionarios de alto nivel, y no había respuesta… hasta un día que de tanto tocar puertas e insistir por llegar a las más altas autoridades, la respuesta fue: «Párele Hermana, no le mueva más, esa niña no va a aparecer». A esto siguieron llamadas intimidatorias, amenazas… y las Hermanas continuaban en su búsqueda, pero nada… hasta que el corazón no pudo más.

Juzgar desde el Evangelio la situación de las mujeres migrantes

Siendo que la Teología Feminista hace una reflexión encarnada en la vida de las mujeres, haré la propia desde la vida de las mujeres migrantes en México buscando valorar su vida desde la antropología teológica, ya que el ser humano ha sido un constante peregrino, siempre en busca de algo nuevo y mejor: una tierra, un trabajo, salvaguardar la vida propia y de su familia, mejores condiciones de vida y desarrollo… siempre en busca de la felicidad propia y de su familia. Pero también es cierto que a veces pareciera que solo persiguen sueños y fantasías que terminan en una triste realidad.

Las migrantes con su intrépido dinamismo rompen límites, traspasan las fronteras geográficas y culturales, y abren nuevos cauces que llamamos signos de los tiempos, donde hemos de escuchar el llamado de ese Jesús que se hace una con ellas y nos interpela para dar respuestas nuevas, respuestas en clave de misericordia, a las descartadas de esta sociedad.

Iluminemos esta reflexión desde una de esas mujeres...

Una mujer cananea de la zona salió gritando:
—¡Ten compasión de mí, Señor, ¡hijo de David!, mi hija es maltratada por un demonio.
Él no respondió una palabra. Se acercaron los discípulos y le suplicaron.
—Despídela, que viene gritando detrás de nosotros.
Él contestó:
—¡He sido enviado solamente a las ovejas descarriadas de la Casa de Israel!
Pero ella se acercó y se postró ante él diciendo:
—Señor, ayúdame.
Él respondió:
—No está bien quitar el pan a los hijos para echárselo a los perritos.
Ella respondió:
—Es verdad Señor, pero también los perritos comen las migajas que caen de las mesas de sus dueños.
—Entonces Jesús le contestó:
—Mujer qué fe tan grande tienes.
Que se cumplan tus deseos.
Y la hija quedó curada en aquel momento. Mt 15,21-28

La cananea, la extranjera, la que increpa y dialoga con Jesús pidiendo algo que también le correspondía: la participación en la *basileia*, en palabras de Elisa Estévez. ¿Y acaso no es eso lo que piden las mujeres migrantes?: Lo que les corresponde. Ser tratadas con respeto, con dignidad, con justicia. No por estar en un estatus jurídico diferente, por no tener papeles, ser morena, negra, ser pobre o carecer de educación deben de ser tratadas con la brutal violencia con que se les trata. Son personas, mujeres, con toda la dignidad de hijas de Dios, tan amadas, y creadas con amor como todo ser humano. Tienen derecho a participar en un mundo más justo, más inclusivo. En lo que Schussler Fiorenza llama el discipulado de iguales.

Y es en sus palabras y sus actos donde quienes somos creyentes, sacerdotes, Pueblo de Dios hemos de poner la escucha atenta, el *shema*, para saber qué nos dicen esas mujeres hoy. ¿Cómo nos increpan? ¿Cuál es el contenido de su diálogo? Porque eso hizo Jesús al final de cuentas con la cananea.

Ellas nos llaman para que volteemos a verlas, a escuchar sus necesidades, y para que, al estilo de Jesús, demos un giro radical a nuestras posturas de confort y egoísmo como Iglesia (Pueblo de Dios) que nos mueva del centro de nuestro ser para pasar a acontecer con ellas.

Pero ¿cómo movernos de nuestro racismo, de nuestro individualismo; cómo ser seres incluyentes; cómo convertirnos en seres humanos plenos, capaces de construir una comunidad universal; cómo entender que soy porque tú eres; cómo desarticular esas grandes mentiras del capitalismo neoliberal de hacernos sentir parte del mercado porque o somos mercancía o somos consumidores? ¿Cómo apartarnos de una serie de ideas y mecanismos económicos que han invadido nuestra antropología? ¿Dónde quedó el ser en esta carrera por el tener?

Las mujeres migrantes son tratadas cual objeto, como mercancía al mejor postor, al cliente que pague más por ellas, ya sean parejas, policías, agentes, migra, traficantes, secuestradores, extorsionadores, polleros, coyotes o como se les llame. La mayoría, aunque no exclusivamente, varones. Y es que mujeres, adolescentes, niños son la población más codiciada por las autoridades y las redes, porque están todos coludidos con el crimen organizado (Informe de la REDODEM 2016).

Las mujeres migrantes, al igual que la cananea, son mujeres con iniciativa, que salen y expresan con su voz y con su vida su necesidad. En el caso de la cananea anónima (una más de las mujeres sin nombre que aparecen en el Nuevo Testamento), ella sale a pedir la curación de su hija, como muchas mujeres migrantes anónimas que salen a buscar la salud para sus padres, esposos, hijas, hijos, nietas, nietos; salen a buscar una opción de vida digna. Pero estas mujeres no se encuentran a Jesús, se encuentran a los «discípulos», esos que quieren que las despidan, que las corran por necias, por gritonas. Muchas insisten, no todas, porque no todas tienen esa escucha activa que tuvo la cananea para refutar las negativas. Ni la convicción de ser dignas de atención, de respeto, de escucha y apoyo.

La cananea hoy es vista y analizada como un «modelo de fe», porque con sus palabras y su actitud nos muestra que tiene una auténtica experiencia creyente en el Evangelio (Elisa Estévez). Ahora me pregunto a mí misma les pregunto a ustedes, ¿dónde se encuentra la fe de las mujeres migrantes?, ¿se quedó en sus comunidades de origen, en esos entornos de pobreza y violencia?, ¿o la perdieron en el camino ante tantos abusos y negativas?

¿O es acaso que la tienen y no somos capaces de reconocerla en ellas?

ACTUAR CON ELLAS

Migrar es un derecho humano, casi todo el mundo está de acuerdo en ello. Y es una práctica desde que la humanidad es humanidad. Pero hoy es un delito y las personas son convertidas en mercancía, con un precio en el mercado de tráfico de personas. Y hay que reconocer que nuestro país es un oasis para invertir en este negocio. ¿Cómo romper con la cadena? Con la educación, con el humanismo, con la protesta de la ciudadanía ante estos crímenes de lesa humanidad.

La propuesta para la acción nos la dan las Hermanas Josefinas en la atención que dan a las migrantes en la Casa, porque realmente las acogen, las escuchan, les brindan cuidado y curación amorosa, tanto a las heridas físicas como a las emocionales y psicológicas. Las empoderan nuevamente para que puedan reiniciar su camino, ya sea en México o en la continuación del camino hacia EE. UU., o bien de retorno a sus países de origen. Es como ver a la cananea partir a su casa y ver a su hija sanada. Sospecho que no se quedó con los brazos cruzados, que ha de ver gritado a los cuatro vientos que era cierto, que Él, el Señor, sanaba y reintegraba a la vida a las personas enfermas que le pedían su auxilio.

¿Qué nos toca hacer a los demás? Debemos sumarnos a la misión, desde nuestro ser, para hacer con ellas tareas de acompañamiento, de escucha atenta, y también para promover a nivel comunitario el cambio de actitudes, el respeto a las personas migrantes desde esa profunda reflexión de ser todos migrantes, desde la enseñanza de Jesús frente a la cananea, porque todas las personas migrantes tienen derecho a ser tratadas con dignidad y justicia.

Hemos de trabajar por leyes más justas, sí. Pero primero hay que convertir este corazón de piedra… ¡qué digo de piedra!, este corazón repleto de intereses, de poder, de ganas de poseer, por un corazón misericordioso. Y ellas, las mujeres, adolescentes y niñas migrantes son un camino y un signo, son el lugar donde hoy se nos ofrece releer la Buena Nueva que se recrea en el siglo XXI.

Recuerdo esa sonrisa de una niña que un día llegó de Honduras… Doris, donde quiera que te encuentres, agradezco tu vida entre nosotras.

Agradezco a las Hermanas Josefinas la oportunidad de convivir con ellas. Y particularmente le doy las gracias a la Hermana Magdalena Silva por haber compartido conmigo las experiencias de estos tres años en CAFEMIN, y por su apoyo para el desarrollo de esta reflexión.

ROSARIO ALFARO

Estudió la Licenciatura en Contaduría Pública en el Instituto Tecnológico Autónomo de México (ITAM), la especialidad en impuestos en Universidad Iberoamericana y diversos cursos de actualización fiscal en institutos y colegios de profesionistas tales como el Instituto de Especialización para Ejecutivos (IEE) y el Colegio de Contadores de la Ciudad de México.

Estudió Ciencias Religiosas en la Universidad Pontificia de México. Actualmente cursa la Maestría en Teología y Mundo Contemporáneo en la Universidad Iberoamericana Ciudad de México.

MIGRAR O MORIR. LOS MIGRANTES COMO SÍMBOLO DE UNA NUEVA CONSCIENCIA. REFLEXIÓN Y PRÁCTICA DE MUSICOTERAPIA EN EL ISTMO DE TEHUANTEPEC

PATRICIA ORTEGA HENDERSON

«¿Cuántos caminos debe recorrer un hombre
antes de que lo consideren un hombre?
¿Cuántos mares debe surcar una paloma blanca
antes de que ella duerma sobre la arena?
¿Cuántas balas de cañón deben disparar
antes de que las prohíban para siempre?
La respuesta, mi amigo, está flotando en el aire
La respuesta está flotando en el aire»
Bob Dylan

Sobre el problema doloroso y urgente de los migrantes ya se ha escrito mucho desde diversos ángulos: la historia, la sociología, la antropología, la política y la economía, por citar sólo algunos. En estas líneas, mi intención es reflexionar sobre la situación actual de los migrantes en el nivel interno del alma humana, y esto desde una mirada de la psicología profunda de C. G. Jung. Esta es una invitación a ver, reconocer y aceptar a los migrantes y a nosotros mismos, no como adversarios sino como un símbolo del surgimiento de una Nueva Consciencia.

Con base en mi experiencia propia en el albergue para migrantes «Hermanos del Camino», fundado por el padre Alejandro Solalinde en Ciudad Ixtepec, Oaxaca, México, describo una sesión de práctica grupal tanto de psicoterapia centrada en la música como de dibujo, dos formas de expresiones artísticas que, sin utilizar palabras, llegan hondo a resonar o, mejor dicho, a sanar y liberar el cuerpo y las emociones.

Una tarde de otoño, a finales de octubre, tuve la oportunidad de visitar por primera vez el albergue y el privilegio de compartir con los migrantes mi trabajo de psicoterapia; fue una experiencia conmovedora, de desesperación y de intenso dolor, pero también transformadora y liberadora.

Días antes, me encontraba en la Ciudad de México cuando, inesperadamente, recibí la invitación de mi primo César a una comida en la que conocí al padre Alejandro Solalinde. Dos semanas después recorrí casi mil kilómetros para llegar al Istmo de Tehuantepec, y los siguientes pasos se fueron dando como un buen presagio, preparando y facilitando el encuentro. Acompañada con el sostén moral de mi familia y amigos, me encomendé a Dios Padre y Madre e inicié el camino.

Conocía a los migrantes, pero de lejos. Debo confesar que desde hace algunos años los había visto en Ixtepec, muchas veces por la estación del ferrocarril, trepados en los vagones del tren de carga o caminando por las calles pidiendo ayuda en las casas y comercios de esta pequeña ciudad. Me era familiar verlos como parte del paisaje y pasaba junto a ellos rápidamente sin detenerme.

Sabía de oídas por los vecinos del lugar y por los medios de comunicación que había un albergue, pero nunca lo había visitado ni había estado cerca de los migrantes, rodeada por ellos, conversando cara a cara con ellos, compartiendo sus miedos y esperanzas, viéndolos a los ojos, tocando su alma, sintiendo de cerca, intensamente, el pulso de la vida y el miedo a la muerte.

Esa tarde cuando subía por el camino de tierra que conduce al albergue paralelo a las vías del tren, las preguntas en mi mente, además de una inquietud honda en mi corazón eran: ¿Qué los mueve? ¿Cuál es su sueño?... ¿Será migrar o morir?

Al irme acercando, vi un grupo de esculturas colocadas a lo largo de una brecha que baja desde las vías del tren a la entrada del albergue, que parecían como una aparición de almas en pena y quedé sin aliento. Se encontraban vestidas con harapos, algunas con los ojos vendados, desgarradas por el sol, el aire, la tierra y la lluvia. El impacto que me causaron estas figuras fue tremendo; para mí era el anuncio de que me encontraba en un espacio en el límite de lo humano... ¿y de lo sagrado?... y me abandoné en las manos de la Madre Bendita pidiendo su protección.

Un joven migrante abrió la reja y se encaminó directamente a la capilla, lo seguí y se nos fueron uniendo muchos más; sentí como si las esculturas fueran de carne y hueso y también se estuvieran acercando. Eran muchachas y muchachos con los rostros pálidos, serios y cabizbajos; algunos se veían enojados, agresivos, burlones; otros estaban espantados, angustiados, tristes. Iban con la mirada perdida. En el piso de cemento de la capilla abierta se encontraban dos perros y algunos adolescentes echados sobre pedazos de cartón. Se veían cansados, sin energía y había algunos enfermos; la atmósfera era tensa y pesada. ¡Dolía verlos!

En la pared del fondo de la capilla se encuentra un enorme Cristo, una imagen de la Virgen con el Niño y otra de Nuestra Señora de Guadalupe... ¡Respiré profundo y di las Gracias! En silencio, hice una ofrenda en el centro del piso de la capilla; coloqué una pequeña imagen de la Virgen de Guadalupe sobre un rebozo azul que usé como mantel. Encendí una vela, puse flores blancas de guiriziña, con las que se adornan los altares, que estaban recién cortadas del patio de mi casa ancestral en El Espinal, e iniciamos inmediatamente la sesión.

Algunos migrantes se encontraban en estado de agitación, distraídos y gritaban fuerte. En un momento pensé que no sería posible trabajar porque no estaban poniendo atención. Pero después de una breve meditación con una pieza de música en silencio, pidiendo a la Virgen su bendición para nuestro trabajo de esa tarde, uno a uno se fue presentando diciendo su nombre y compartiendo su sueño.

Muchos admitieron que emprenden un camino peligroso a lo desconocido. Salen para el norte trepados en los vagones del tren de carga, «La Bestia»; así llaman a la máquina. Van en camino a «La USA», como nombran al país vecino del norte. Esperan ir a trabajar y ganar dinero para enviar a su familia, a su mujer y sus hijos. Sólo tres de todo el grupo (en esta ocasión participaron 35 mujeres y hombres) van en busca de familiares para regresarlos a su país en caso de encontrarlos vivos.

Continuamos con la práctica de una experiencia activa de imaginación guiada con música. Inmediatamente, la expansión, la armonía y la belleza de la música inspiraron el trabajo del alma. Los muchachos lograron no sólo concentrarse, sino también relajarse profundamente. Se produjo un cambio en su atención, del mundo externo al mundo interno, lo que permitió darle al inconsciente la oportunidad de expresarse. La atmósfera cambió completamente y se percibió una gran paz.

El modelo de musicoterapia que practico en grupo, es una adaptación al Método Bonny de Imaginación Guiada con la Música, basado en un marco teórico junguiano, que combina un campo de resonancia musical con trabajo activo de imaginación para propiciar el autoconocimiento y la sanación. Este método ofrece una nueva manera de expresión no verbal, sino corporal y emocional, que considero una forma femenina de recrear la habilidad natural de la psique para producir diferentes tipos de imaginería, por ejemplo, imágenes visuales, auditivas, cinestésicas, recuerdos y emociones, como un símbolo significativo capaz de contener y armonizar las experiencias humanas más vivas y profundas.

La sesión completa duró dos horas y media; consistió en la escucha de la música y, con el fin de contener la experiencia, también en hacer un dibujo para registrar externamente las imágenes que emergen del inconsciente. Los migrantes parecían niños sonriendo, dibujando felices inclinados en el suelo.

Sus dibujos mostraban símbolos de la naturaleza e imágenes de la Virgen de Guadalupe.

Se sentía una gran vitalidad y energía en el grupo; se habían transformado por unos momentos en hombres de verdad. Eran personas nuevas por completo. Después, cada uno pasó al centro mostrando y explicando lo que significaba su dibujo.

Al final, el trabajo se convirtió en una celebración; bailaban, brincaban, daban maromas y cantaban. Ellos estaban haciendo sonidos como de percusiones con la voz y las manos; estaban creando su propia música, tocando, cantando y bailando a su ritmo. ¡Habían recobrado su propia voz!. Para mí, el privilegio de ser testigo de que también hay alegría y agradecimiento en el dolor y compartir esta celebración es el mejor regalo.

En lo externo, desde la consciencia que tienen los migrantes de sí mismos, expresan el motivo de su viaje diciendo: «Aún con el miedo que provoca este camino a lo desconocido, fatal algunas veces, salgo de mi tierra, mi país, mi familia, arriesgo mi vida; huyo de las injusticias sociales, de las carencias económicas, de los gobiernos opresivos de mi patria de origen en donde te pueden matar en cualquier momento.» Sin embargo, desde una perspectiva profunda, para entender la situación de la migración actual desde el nivel interno del alma humana, se podría ver una revelación del espíritu de los tiempos.

En la naturaleza, la migración de las especies es un fenómeno maravilloso que no deja de sorprendernos. Científicos y conservacionistas han dedicado gran parte de su vida a explicar la migración de las ballenas, las tortugas, las aves, los murciélagos y la pequeña y frágil mariposa Monarca, por mencionar sólo algunas de las especies animales que realizan cada año en México la asombrosa proeza de recorrer grandes distancias de ida y vuelta.

Por el contrario, el fenómeno actual de la migración de miles de hombres y mujeres Centroamericanos, que cruzan México a diario es un tema que duele, que abruma, que se manipula y se oculta por incómodo. Y lo mismo vale para los migrantes mexicanos en los Estados Unidos, o los africanos en Europa, o de los países árabes o asiáticos.

A partir del texto de María Luisa von Franz (1995), Shadow and Evil in Fairy Tales, que ofrece una mirada desde la psicología profunda de C. G. Jung, aquí subrayo sólo un aspecto que aparece en la forma actual de la migración humana y que es parte de la sombra del mundo en que hoy vivimos: la alienación del ser humano que es la enfermedad de nuestro tiempo.

Von Franz explica cómo los estados de ánimo y los anhelos secretos de la gente sencilla en una población revelan en forma clara las necesidades de su tiempo. Por ejemplo, una muchacha pobre, llena de miedos y angustias, cuyo horizonte es obscuro, no ve que ella podría ser una víctima de los tiempos. La gente sencilla no se da cuenta, y sufre más como consecuencia de lo que está surgiendo desde lo profundo del desarrollo arquetípico del inconsciente colectivo.

En universidades y círculos cultos se discute que, como consecuencia del individualismo y el materialismo, hay demasiada tecnología y no hay suficiente relación con la Naturaleza en la vida del hombre contemporáneo; algunos en las clases dominantes también se dan cuenta de esto. Pero un simple muchacho campesino que deja su pueblo para trabajar en la fábrica o va a otro país para ganar dinero no lo sabe. Sin embargo, él sufre por esto mucho más; podría desesperarse y hasta odiar a otros hombres sin darse cuenta de que él está sufriendo la enfermedad de nuestro tiempo.

Paradójicamente, el migrante que sale en busca del sueño del mundo materialista que cree le dará la felicidad, no sabe que, en la forma inhumana a la que ha llegado el materialismo, (de mater) y que actualmente sirve a la madre negativa, lo que encontrará al final del camino es su aspecto más obscuro: puede ponerse en peligro de muerte al sentir que su vida no tiene sentido. Los migrantes son inconscientes de ser víctimas que cargan aspectos de la sombra colectiva del mundo de hoy.

En la psique, individual y colectiva, un anhelo de cambio de actitud es constelado y expresado simbólicamente. En este sentido, los migrantes son una revelación del espíritu de los tiempos o una manifestación de la necesidad urgente de un cambio radical de mentalidad que surge de lo inconsciente colectivo. Este es el tema candente de nuestro tiempo y un reto para todos de ver a los migrantes y a nosotros mismos no como adversarios sino como un símbolo del surgimiento de una Nueva Consciencia.

Más aún, en la situación histórica que vivimos hoy, se trata de un proceso de renovación del Espíritu viviente que a la vez que orienta nuestro futuro va surgiendo a la consciencia colectiva desde una parte inesperada y oficialmente rechazada, tanto de la psique como, dolorosamente, de la gente sencilla. Muestra de forma clara la necesidad del cambio deseado y urgente de los sistemas actuales hacia un mundo más humano que incluya el Principio Femenino y la Naturaleza que han sido rechazados por milenios en el mundo occidental; sin embargo, por el contrario han sido honrados por nuestras ancestrales culturas indígenas.

Necesitamos ser tolerantes con los que son diferentes; aceptar la diversidad de la gran familia humana. Necesitamos ver que el sacrificio de los migrantes no es una destrucción, sino el fundamento de lo que nos espera en el futuro. Nos falta darnos cuenta que el camino está no afuera, sino dentro de nosotros.

Se trata de un camino interior hacia la Totalidad en el que la Verdad, la Bondad, la Belleza y el Espíritu dentro de nosotros nos llevan al amor mutuo en comunidad. Necesitamos devolver la dignidad y la confianza en sí mismo al hombre; a todos, a cada mujer y cada hombre en esta tierra. Todos habitamos «la casa común» que es un símbolo del inconsciente colectivo.

Y al mismo tiempo, la circunstancia histórica de la migración y los migrantes es un símbolo vivo de lo que, desde siempre, es el quehacer esencial de la vida humana. Me refiero al tema del ser humano como homo viator o el hombre como ser itinerante o el hombre como un ser en vías de realización o como peregrino de Ser... ¡Como algo esencial a lo que todos estamos llamados a realizar!

Referencias:

- *Franz, Marie-Louise von. (1995). Shadow and Evil in Fairy Tales, Boston, MA. USA:*
(A C. G. Jung Foundation book). Shambhala Publications.
- *Nicolás, Guillermo A. (1974). El hombre, un ser en vías de realización. Madrid, España: Editorial Gredos.*
- *Panikkar, Raimon. (1993). Elogio de la sencillez. Navarra, España: Editorial Verbo Divino.*

PATRICIA ORTEGA HENDERSON

Licenciada en filosofía por la Universidad Pontificia de México (UPM); graduada en Psicología con especialización en psicoterapia de pareja por el Instituto Mexicano de la Pareja (IMP); certificada en el Método Bonny de Imaginación guiada con música (BMGIM) por Atlantis *Institute for Consciousness and Music*; miembro y maestra de la *Association for Music and Imagery* (FAMI, PT) USA. Docente invitada en el C. G. *Jung Institut*, Zürich, Suiza. Con amplia experiencia en consulta privada. Realiza talleres sobre lo sagrado femenino en Oaxaca y los Estados Unidos. Investiga el principio femenino en la cultura mexicana, antigua y contemporánea. Es fundadora del Círculo de Mujeres Zapotecas Didxaguna (Palabra de Mujer). Madre y abuela, vive en la Ciudad de México y en El Espinal, Oaxaca, México.

La presente edición de «**Migranes, refugiados
y extranjeros. Habitantes de la casa común**»
se terminó de editar en septiembre de 2021.

Este libro utiliza, entre otras, una
tipografía Adobe Garamond Pro
adaptada de la fundición
del ilustre tipógrafo
Claude Garamond.

Ad prosperitatem
per scripturam